平凡社新書
902

アメリカの排外主義

トランプ時代の源流を探る

浜本隆三
HAMAMOTO RYŪZŌ

JN203403

HEIBONSHA

アメリカの排外主義●目次

序章　二一世紀の世界と「トランプの壁」

二一世紀の世界と排外主義の潮流

二一世紀の幕が開けて、はや二〇年を迎えようとしている。二〇〇一年九月、アメリカで発生した同時多発テロとともにはじまった今世紀。いまだイスラム過激派のテロ活動は欧米諸国を震撼させつづけている。

それだけではない。われわれはいま、グローバル化、貧困と格差、環境問題など、地球規模でのさまざまな課題を抱え、個人や大企業、それに国家までもが、世界の荒波にさらされている。

もはやなにが原因で、どれが結果かも判然としない、複雑化した捉えどころのない時代。近年、世界で勢いづく自国中心主義は、この不透明さと混沌とが支配する時代を切り抜けるための防衛策なのだろうか。とりわけ昨今、排外主義と保護主義の潮流は、大きなうねりとなりつつある。

アメリカでは二〇一六年一一月、第四五代大統領にドナルド・トランプ候補が当選し、翌年の一月に大統領に就任した。トランプは過激な主張を並べて当選したが、なかでも「トランプの壁」建設の訴えや「アメリカ・ファースト」というキャッチコピーは、トランプの排外主義や保護主義の姿勢を象徴するものとして、世界の注目を集めた。さらに二

○一八年、アメリカは対中国貿易で追加関税を繰り返し、保護主義は現実のものとなりはじめている。

ヨーロッパでは、二〇一六年六月、イギリスが国民投票の結果、EUからの離脱を決定した。離脱派が支持を伸ばした背景には、ひとつにイギリスが抱える移民問題があった。移民に寛容なEU法も関係し、受け入れきれない数の移民がドーヴァー海峡を越えてイギリスに押し寄せていたのである。

フランスの状況も似ている。二〇一七年のフランス大統領選挙では、極右派政党「国民戦線」の二代目党首マリーヌ・ル・ペン候補が、エマニュエル・マクロン現大統領の対抗馬としてメディアの注目を集めた。

二〇一七年のドイツ連邦議会選挙では、新興の右派政党「ドイツのための選択肢」が総議席数七〇九の七分の一に迫る九四議席を獲得した。直近の二〇一八年一〇月のバイエルン、ヘッセン州議会選挙でも与党は大敗し、「ドイツのための選択肢」はいずれにおいても躍進した。

アジアでは、大国の中国が「一帯一路」の標語を掲げ、独自の貿易圏構想を打ち出している。二〇一七年五月に北京で開催された国際協力サミットフォーラムには、一三〇を超える国の代表が参加した。ただ、この貿易圏構想は見方を変えると、中国独自の利益にもとづく経済圏構想、すなわち拡大阪の保護主義とも理解できる。

日本では最近、在日韓国／朝鮮・中国人を標的にしたヘイトスピーチが社会問題となった。「在日特権を許さない市民の会」、いわゆる「在特会」とその支持者は、東京の新大久保や大阪の鶴橋などで過激な言葉を叫びながらデモ行進し、その様子をインターネット上の動画共有サイト「ユーチューブ」等に投稿した。結果として、ヘイトスピーチは法的に規制されることとなったが、自国に息づく過激な排外主義の声に衝撃を覚えた人も少なくなかったはずである。

なぜいま、右派政党の躍進や自国優先の姿勢が世界に広まりつつあるのか。なぜ保護主義や排外主義が支持を集めているのか。

冷戦が崩壊し、政治体制を支えるイデオロギーの支柱が取り払われた結果、ナショナリズムやエスノセントリズム（自民族中心主義）が噴出しているのであろうか。ゆきすぎた経済のグローバル化に抗《あらが》う、揺り戻し現象であろうか。はたまた、中産階級の没落、あるいは先進国でも深刻化する貧困と格差が原因であろうか。その声がポピュリズムというかたちをとって、政治の世界に影響を及ぼしているのであろうか。

答えは容易に絞れない。だが、世界の現状に対して、不安と不満とを抱く人の数が膨れ上がりつつあることは間違いない。保護主義と排外主義の台頭は、不安と不満とに突き動かされたひとびとが、それぞれにわが身を守る「防護壁」を求める声の顕現ではなかろうか。「トランプの壁」は、その象徴に位置づけられるだろう。

トランプのファンタジーとリアリティ

大統領選挙でトランプが掲げた公約は、奇抜なもの、過激なもの揃いであった。『ニューズウィーク』がまとめるところ、経済と外交に絞っても、経済成長率を三・五パーセントにする、大型減税を実施する、法人税を現行の三五パーセントから一五パーセントに引き下げる、一〇年間で二五〇〇万人の雇用を創出する、新規雇用では移民よりアメリカ国民を優先させる、賃上げを最優先課題とする、などが並ぶ。外交面では、TPP協定（環太平洋パートナーシップ協定）からの脱退、パリ協定からの脱退、イスラム過激派IS掃討のための軍事作戦の展開、このほか、OPECは無視する、中国を為替操作国に指定する、などを唱えた。

なかでもよく知られているのが、メキシコとの国境に壁を建設する、という主張である。壁の建設は、予算さえ確保できれば実現不可能ではない。だがトランプは、建設費用はメキシコ側に請求すると豪語する。仮にアメリカが負担したとしても、その費用対効果は疑わしい。いわば「トランプの壁」は、トランプ候補が掲げた非現実的な公約の象徴といえる。それでも、トランプは壁の建設を唱えて、その人気を一気に拡大させた。なぜ、この非現実的な公約が人心に響いたのか。

トランプ人気に果たした「トランプの壁」の役割を考えるとき、筆者が注目するのは、トランプ陣営の若き選挙参謀スティーブン・ミラーである。ミラーはアメリカ東部の名門校、デューク大学で政治学を学び、トランプ派の保守系議員ジェフ・セッションズの事務所で働いていた。高校生の頃から保守思想に傾倒し、出身地のカリフォルニア州サンタモニカ高校では、リベラルな雰囲気が支配するなか、思想的に孤立を経験した。大学時代には、白人至上主義を唱えるリチャード・スペンサーとも交流する。

図1　メイン州のキャンペーン集会で演説するスティーブン・ミラー

大統領選挙の期間中、ミラーはトランプ陣営の上級政策顧問に抜擢され、トランプ政権が発足すると、大統領補佐官に就任した。じつはミラー氏、年齢は弱冠三二歳。トランプ大統領よりも「三回り」以上も若い。だが、トランプの大統領就任演説の起草者の一人で

 あり、トランプの主張と演説に通じ、大統領からの信頼も篤い。

選挙期間中、ミラーは二〇一六年一月頃よりトランプ陣営に加わり、同年三月頃よりトランプの選挙演説集会で場内を盛り上げる「ウォームアップ・スピーチ」を担当した。ミラーのスピーチは、わずか一〇分程度のものだが、短時間のうちに巧みにトランプの主張を要約し、整理して聴衆に説明した。

図2　聴衆を指差すトランプ

トランプの演説は要領をえない。クリントン候補と異なり、トランプは大統領選挙の演説集会で、プロンプターと呼ばれる原稿を投影する装置を使わなかった。そのため、話題は連想ゲームのように飛躍する。ときには聴衆の野次を拾い、場内を沸かせる。そして思い出したかのように、聴衆のなかに来場しているはずの知人の姿を探しはじめ、見つけると「すごくいい奴」と紹介する。そして、非現実的な公約も、「俺ならやってみせる」と根拠のない自信をみせる。

ミラーは、このトランプの気ままな放言を拾い集め、論理的に組み直し、聴衆に解説する役割を担った。したがって、かれの役どころは、演説会場で親分トランプの登壇に先立ち、あらかじめ聴衆にトランプの放言を理解するための下地を仕込んでおく点にあった。いわばミラーは、トランプの非現実的な公約に説得性を与える人物で、トランプが描くファンタジーにリアリティを与える、魔法使いのような存在と解釈できる。

ミラーの演説は煽情的で、連想の輪をつむぐヒトラーの演説のようである。それでも筆者は、ミラーが行う一〇分間のウォームアップ・スピーチこそが、トランプの選挙演説集会ではなにより重要な役割を果たしていたものと考える。

その理由は二点ある。ひとつに、選挙期間中、ミラーの演説によって、トランプの支持率低下に歯止めがかけられたと考えられる点。また、ミラーによってトランプの主張が「体系化」されるなかで、あの「壁」がトランプの主張を総括するものへと組み立てられていった点、これらである。

じつのところトランプ陣営は、二〇一六年三月から四月にかけて、危機に直面していた。ちょうど大統領選挙の前哨戦とされる「スーパーチューズデー」後、トランプの支持率は落ち込むいっぽう、第二位でトランプを追うテッド・クルーズ候補が猛追撃をみせていたのである。背景には、スーパーチューズデーの結果を受けて、選挙戦からの撤退を表明した第三位のルビノ候補の支持層を、第二位のクルーズ候補が上手く取り込んだという経緯があった。

四月に入るとトランプの支持率は一時的に回復する。ところが数日後、ふたたびじわりじわりと下降をはじめた。支持率が急落した場合、原因の特定と対処の目途はたてやすい。だが、漸減は根本的な支持者の喪失を意味し、事態はより深刻であった。

二番手のクルーズ候補は支持率を伸ばしつつあった。スーパーチューズデー直前のクルーズ候補の支持率は一九ポイント。ところが四月上旬には三三ポイントと、一四ポイントも数値を伸ばしていた。いっぽう、トランプは三六ポイントから一時、四三ポイントに達するが、四月には四〇ポイントラインを切り、クルーズ候補に七ポイント差まで迫られていた。この状況がつづけば、計算上、トランプとクルーズの順位は四月中にも入れ替わることになる。トランプ陣営には即効性のある対策が求められた。

図3　演台に立つテッド・クルーズ候補

ここでミラーがとった作戦は、徹底した「クルーズ叩き」であった。トランプの「善」を引き立てるために、クルーズに「悪」を重ねたのである。

悪と正義の構図

ミラーがはじめて選挙集会で前座に立ったのは、二〇一六年の三月頃であった。かれは当初、聴衆の心を読み解くのに苦労するが、ほどなく「コツ」をつかんでみせる。聴衆に「説明する」上から目線のスピーチが、聴衆を「沸かせる」ものへと変化するのは、四月に入ってからのことであった。おそらくミラーは、「悪」を叩くと盛り上がる、という急所をつかんだようである。

四月、ミラーはトランプを追うクルーズ叩きに徹した。四月二日ウィスコンシン州オークレア、四日ラクロスとミルウォーキー、それぞれで開催された選挙集会で、ミラーはクルーズ候補を「相当な強欲」「この国の労働者を欺く奴」「過激主義者」「保守派」「グローバル化の主導者」「過激なウォールストリートのグローバリスト」と呼び、かれほどの敵はいないとまくし立てた。

するとクルーズ候補の勢いは四月なかばに失速し、かれは五月三日、選挙戦からの撤退を表明したのである。ミラーの演説がどの程度、クルーズ候補の撤退に影響したか、特定はできない。だが、追走者を露骨に蹴落とすかれの作戦が、トランプ独走の一助となったことは確かであろう。

クルーズ候補が選挙戦からの撤退を表明し、トランプが共和党候補の指名を確実なものにすると、ミラーはつぎの標的を民主党候補ヒラリー・クリントンへと転じ、こんどは徹底した「クリントン叩き」を展開する。

ミラーは言う。クリントンはこの国の実情など知りもしない。不法移民が来て学校が脅かされ、コミュニティは混乱し、税金はむさぼられ、病院はのっとられる。だが、クリントンはこの国と国民を気にもとめていない。聴衆の不満をこのように焚《た》きつけて、ミラーはすかさず、「だがトランプは違う」と差し替える。「トランプこそアメリカを心配する男、みなさんのことを心配する男、ホワイトハウスでみなさんのために闘ってくれる男です！」

クリントンの「悪」と、トランプの「善」を強調し、トランプを悪を成敗するヒーローに仕立てることで、聴衆にカタルシスをもたらし、「正義」を支持する快感を与える。聴衆の敵クリントンと、正義の味方トランプの構図、これがミラーの演説の基本形となった。

ポピュリズムの魔法

五月から六月にかけて、クリントン叩きの焦点は、外交問題と「金脈」に絞られる。まずは、カリフォルニア州サンディエゴで行われた、典型的なクリントン批判の演説を紹介したい。

ヒラリー・クリントンはイラクを安全で危険のない場所にしましたか?
ノー。彼女はイラクをISに引き渡した。
ヒラリー・クリントンはリビアに民主主義を根付かせましたか?
ノー。かき回したうえで、ISに引き渡した。
ヒラリー・クリントンはイランに核兵器開発を断念させましたか?
ノー。これまでにないほど、以前にも増して、イランと核兵器とを結びつけた。
ヒラリー・クリントンはシリアに安全と安定をもたらしましたか?
ノー。彼女はシリアを世界でもっとも危険な場所にした。

さらにシリアからアメリカに来る難民の数を五〇〇パーセントも増やそうとしている。いったい誰が、かれらの面倒をみるのでしょう。ほかでもない、アメリカ人です。年間五〇〇万人という中東からの難民を、さらに受け入れたいと思っている人なんて、いるのでしょうか。

ある世論調査では、これに賛同するアメリカ人女性は、わずか四パーセントだったということです。

すなわちヒラリーは、アメリカ人女性のことなど気にかけてはいないのです。彼女はわれわれの学校、労働市場、安全について、そこで生じていることには関心がない。

こんなことで、みなさんの安全なコミュニティを守れると思いますか？

ドナルド・トランプは、コミュニティを、安全で危険のない、幸せな場所にします。ところでみなさん、ドナルド・トランプはあの壁をつくる。かれは力強くそびえ立つ不滅の壁を築きます。


（2016.5.27 San Diego CA）


ちょうどシリア内戦の泥沼化が世界に伝えられていた時期、ミラーは巧みに時事問題とクリントン批判と、難民問題と国内問題とを結びつけ、最後に「トランプの壁」を差し入れた。

しかし、冷静に話を追うと、ここでは筋違いな論が展開されていることに気がつく。ミラーは示唆する。イラク、リビア、シリアの問題はクリントンの失政で、これが難民を発生させ、その難民をクリントンが米国へと呼び込み、結果、米国の学校、雇用、安全が脅かされている、と。もちろん、中東情勢と米国国内の安全は、まったくの別問題である。だが、映像でミラーの話を聞いていると、中東情勢を悪化させたのはクリントンで、彼女は米国の安全をも脅かしている、との印象だけが残る。そして、「壁」を建設するトランプは、国内の安全を守るヒーローだと思えてくるのである。

結果的に、「トランプの壁」は、難民や不法移民を阻み、中東の諸問題をも解決し、米国に平和をもたらす、という印象が膨らみ、聴衆の記憶には、「トランプの壁」は万能壁、との情報だけが残るのである。

これこそが、ミラーが仕掛ける、いわば「ポピュリズムの魔法」である。中東問題を端緒に、あらゆる問題が「トランプの壁」で解決されるという無茶な展開が、あたかも合理的な主張であるかのように繰り出される。もちろんミラー自身、この論の不合理は承知のはずだが、演説を試行錯誤するなかで、場内の熱気を高めるためには、論理性や合理性ではなく、感情や印象に訴えかける煽情が重要であると、かれは学んだのであろう。

この点は、ミラーによるクリントンの「金脈」批判の展開手法からも理解できる。ミラーは当初、クリントンの金脈批判のために暴露本『クリントン・キャッシュ』を携えて登壇し、壇上で付箋を繰りながら引用文を紹介していた。いかにクリントンがウォールストリートと結びつき、私利私欲によって政治を捻《ね》じ曲げているか、引用文をつぎつぎ披露して、聴衆の怒りを焚きつけようとしたのである。

ところが、結果は失敗だった。ページが繰られるごとに、場内の熱気は明らかに冷めていく。演説集会を映した映像をみると、支持者たちは雑談をはじめ、スマホを取り出し、明らかに退屈している様子がみてとれる。

ミラーも場内の空気を感じとったのか、しだいに『クリントン・キャッシュ』からの引用の数を減らし、しまいにはこの本の要点をひと言でこうまとめ上げた。

Give Money to Bill／ギブ・マネー・トゥ・ビル
Get Favor from Hill／ゲット・フェーヴァー・フロム・ヒル

「ビル」とは法案、「ヒル」とはワシントン・ヒル、連邦議会のこと。すなわち、「法案へ献金し、ワシントンのご機嫌を買う」というわけである。もちろん、「ビル」には、夫ビル・クリントン、「ヒル」にはヒラリー・クリントン、それぞれの名前が掛けられており、したがって、「法案／ビル」へ献金し、「ワシントン／ヒラリー」のご機嫌をうかがう、という皮肉も込められている。

ミラーは、覚えやすくキャッチーなこのフレーズを気に入り、引用に代えて、暴露本を手に、このフレーズを繰り返すようになった。

たしかに、書き言葉は悠長で、演説向きではない。前座のミラーに求められているのは、「ウォームアップ」、すなわち場内の雰囲気づくり。聴衆の気分を高揚させて、トランプを迎えるための熱気をはらませる点にある。そのためには、小難しい理屈など必要ない。ストレートに心を打つ表現、気持ちに届く言葉、これが要となる。

おそらくミラーは、二〇一六年の大統領選挙の鍵は国民の不満にあり、その感情を巧みにあやつる者が選挙を制すと見据えていたのであろう。不満は理屈で解きほぐせるものではない。まして、国民の不満は、もはや原因も理由も定かではないほど膨らんでいる。

それに、上座の人間が理屈を説き、下座の聴衆がただ聞く、という構図は、じつのところ、政府と国民、ワシントンと地方、政治家・メディア・大企業と聴衆、というトランプ支持者たちが不満を覚える、既得権益者たちの振りかざす従来の構図の再現にほかならない。

そこで、ミラーは、聴衆の不満に寄り添う。じつのところミラーの演説は、その半分が聴衆の心の声の代弁である。ミラーはクリントンを批判することで、聴衆の誰もが抱いている不満や怒りを、皆に代わって声に出す。

わが国の政府の安全を最高入札者に売りさばき、
国境をすっかり開けっぴろげて、
エネルギーや水の供給を停止しようとする過激主義者。
ウォールストリートにすっかり買収されて、
シリア難民を五〇〇パーセントも増やそうとし、
犯罪者を刑務所から釈放しようとする。
ヒラリー・クリントンは、権力者と良好な関係を保つことだけに邁進し、
みなさんのことなど気にもとめない。
みなさんのことが嫌いなんですよ。
この国の労働者に示す情など持ち合わせていない。
彼女は盗人、腐敗者、冷血女、薄情者、急進的、過激主義者。

（2016.5.27 Fresno CA）

怒りの表現に、理屈は似合わない。重要なのは、いかに聴衆の感情をむき出しに表現できるかである。

こうしてミラーは、聴衆の不満を代弁し、溜め込んでいた怒りを爆発させ、そのエネル

ギーを巧みにトランプ支持へと転じたのである。この過程に必要なのは、素晴らしい公約でも、精緻な政策論でもない。重要なのはただ一点、いかにトランプを支持する気持ちにさせるか。理性を吹き飛ばす感情こそが、聴衆の力強い支持を確かなものにするのである。

アメリカ・ファーストの文脈

クルーズ叩きやクリントン叩きで煽り立てた聴衆の感情を、トランプ支持に結びつけるとき、重要なのは、正義のヒーローとしてのトランプ像である。トランプは自分たちの理解者、怒りの代弁者、不満の解決者、正義の味方、こう聴衆にアピールする必要がある。

ミラーは言う。「この国の屋台骨はみなさんです。／ウォールストリートではなく、一握りの金持ち連中でもない。／朝から真面目に働くみなさんです。……トランプはそれをわかっています。／トランプはみなさんのために闘います。トランプは一人ひとりのために闘います」。クリントンはウォールストリートしか見ていない。トランプは違う。トランプが見ているのは、会場に集った聴衆だ。ミラーはこう訴える。

すると、トランプが演説中、聴衆の野次を拾い、客席に知人の姿を探す理由も明らかであろう。それは、「トランプはみなさんの味方」というメッセージを、具体的に示してみせる巧妙なパフォーマンスなのである。

聴衆が飛ばした野次に耳を傾け、聴衆のなかに自分の友人の姿を探す。四方八方を指差しながら、時間を惜しまず、根気強く、必ず友人を見つけ出す……。大統領候補のトランプが、われわれ聴衆の野次に応えるということ。われわれ聴衆のなかに、トランプの友人がいるということ……。聴衆はこのパフォーマンスによって、トランプなら自分たちの声を聞いてくれる、かれならやってくれる、そう確信を深めたはずである。

さて、演説でミラーは、何度も既得権益者が国を牛耳っている現状を批判し、聴衆にこの国を取り戻そうと訴えかける。たとえば六月一六日、テキサス州ダラスで行った演説で、ミラーは「既得権益者たちが簡単に手を引くと思いますか。／政治家はみなさんを欺き、献金者はみなさんを売り飛ばすのです。／みなさんのことなど気にもとめていない。／既得権益者たちは諸外国と手を組みます。／力強く、この国を取り戻しましょう」と訴えかける。そしてミラーは、この選挙はアメリカが市民に奉仕するために存在しているか否かを決めるもので、国が盗まれるか、取り戻すかを決める選挙だと総括し、聴衆に「アメリカ・ファースト、アメリカ・ラスト、アメリカ・オールウェイズの男を、ホワイトハウスに送り込む準備はいいか」と呼びかける。

「アメリカ・ファースト、ラスト、オールウェイズの男」は、ミラーが六月に好んで用いた決め台詞で、「ラスト」とは「永続させる」という意味である。トランプは大統領選挙への立候補を表明したときから、「アメリカ・ファースト」を唱えてきたが、当初は脈絡もなくただ唱えられるだけの台詞であった。ミラーは響きの良いこの台詞をトランプの主張を総括するメッセージと位置づけ、巧みにスピーチを引き締めるために用いて聴衆を魅了した。

結果的に、「アメリカ・ファースト」は、対外的には「自国第一主義」という保護主義の文脈で、国内では市民の手に政治を取り戻すという中産階級の復権の物語の文脈で、それぞれの主張を包括するメッセージとして前景化されていったのである。

マイノリティの囲い込み

トランプが共和党候補の指名を獲得すると、七月末頃、ミラーの演説にも変化が現れる。基本的に、善悪の構図でトランプを引き立てる点に変わりはない。ただ、これまで行われていた不法移民叩きが控えられ、一転してアフリカ系やラテン系のアメリカ人が、連帯する仲間にくわえられるようになる。

みなさん、ラテン系アメリカ人が貧困から抜け出すために、手を貸す準備はいいでしょうか。

アフリカ系アメリカ人が貧困から抜け出すために、手を貸す準備はいいでしょうか。
すべてのアメリカ人が貧困から抜け出すために、手を貸す準備はいいでしょうか。

（2016.7.25 Winston-Salem NC）

二〇一六年の選挙では、いわゆる「ラスト・ベルト」と呼ばれる五大湖南岸の諸州の動向が大統領選挙の結果を左右したといわれている。この地域では、白人中産階級、および白人労働者階級の多くが、トランプ支持に回ったとみられている。たしかに、七月までのミラーの演説は、このようなトランプ支持層の心に響く内容であった。だが、八月以降、トランプ陣営は方針を改め、マイノリティも視野に入れた選挙活動を行うようになる。

もっとも、支持者の層を広げる作戦は、本選挙に臨む大統領であれば、みなが採用するものである。しかし、白人労働者階級ばかりに注目が集まるトランプ支持層であるが、トランプ陣営が意識的にアフリカ系アメリカ人、ラテン系アメリカ人にも支持層の拡大を試みていた姿勢は注目に値する。トランプは、白人労働者階級だけでなく、格差と貧困に不満を抱くマイノリティにも支持を訴え、大統領に選出されたのである。

万能壁としての「トランプの壁」

ミラーの演説を追うと、「トランプの壁」は単なる物理的存在以上のものだと気づかされる。すなわち「トランプの壁」は、不法移民対策だけでなく、アメリカ社会が抱えるあらゆる問題を解決する存在、トランプの主張を象徴する存在として立ち現れてくる。

たとえば、クリントンの外交手腕を批判する場合、主としてミラーの話はこう展開する。中東問題→難民問題→クリントンが支持する難民五〇〇パーセント増案・ムスリム移民二倍増案批判→コミュニティの安全・社会の安全の危機→トランプはこの国を守る→国境に壁を建設する。

また、クリントンの「金脈」を批判する場合の筋はこうである。クリントンとウォールストリートとの関係→ウォールストリート企業とグローバル化批判→国と政治がのっとられている現状→この国を取り戻す決意→この国の仕事・安全・安心を取り戻す決意→国境を守る→壁を建設する。

ミラーは演説原稿を起草する才に長け、一日に三つの会場を巡る場合でも、それぞれ異なる内容の演説をすることがあった。そのため、演説の展開は、必ずしも同じではない。ただ、大筋で右のように展開する。

どちらのパターンでも、反クリントン、反エスタブリッシュメントから発した論が、二転、三転して「トランプの壁」に着地する。文字に起こすとわかりやすいが、映像を見ながら演説を聞いていると、まるで「トランプの壁」が、最終的にあらゆる問題を解決する「万能壁」であるかのような幻想を抱いてしまう。

「トランプの壁」に期待をかけるのは、ミラーだけではない。ミラーが壇上に立つあいだ、聴衆から「あの壁をつくれ」と野次が入り、その野次を他の聴衆が拾って、場内で「あの壁をつくれ」の大合唱が沸き起こることが何度もあった。もちろん、声を上げているのは、トランプ陣営による仕込みと思われるが、とくにメキシコと国境を接するテキサス州やカリフォルニア州の選挙会場での映像を見ていると、叫んでいるのは仕込みだけではないように思われる。

たとえば四月二一日、北東部ペンシルヴェニア州ハリスバーグの集会で、ミラーが、不法移民は仕事を奪い、子供たちを危険にさらすと話していると、会場から「あの壁をつくれ」の声があがり、場内が大合唱になることがあった。するとミラーは、聴衆にむかってトランプが「壁」をつくる理由をこう説明したのである。「なぜ壁をつくるのか。みなさんの家族の安全を守り、コミュニティから麻薬を締め出して、みなさんの賃金を上昇させるためなのです。アメリカが有権者の国であるために壁を築くのです」。

ミラーは「壁」の効果を、社会の安全と賃金の向上、有権者による政治主権の回復、と説くが、冷静に考えれば、「壁」がこれらをもたらすはずはない。ひょっとしたら、「トランプの壁」はメキシコから来る不法移民を阻むかもしれない。しかし、不法移民と社会の安全や雇用環境は、また別の問題である。

それでも、「トランプの壁」が聴衆の心に響くのはなぜか。聴衆にとって壁は、現実の世界に立つ、身を守る物理的な防護壁というよりも、象徴的な存在と理解できる。自分たちの安全、安心、仕事、暮らし、これらを守ってくれる幻想の万能壁なのである。

さらに、ミラーの演説を追うと、「トランプの壁」には、より大きな意味が重ねられていたことがわかる。六月一六日、ダラスでの演説で、「トランプの壁」は「愛」だと叫ばれるのである。「われわれは、あの壁をつくります。力強く、そびえ立つ壁を。／あの壁が築くのは、大いなる愛、愛なんです。／愛すべき子供たちが、安全に暮らせるように、大きな愛を築くのです」。

「愛」の象徴としての「トランプの壁」。トランプ支持者にとって、「壁」に賛成し、トランプを支持することは、家族を愛し、社会を愛し、ひいては国を愛する、愛国的な行為となっていた。「トランプの壁」とはすなわち、単なる物理的障壁である以上に、家族、安全、コミュニティ、国、これらを脅かす他者を排除し、自分たちの暮らしを守ってくれる、トランプの排外主義と保護主義の姿勢を象徴する存在に位置づけられていたといえる。

アメリカの排外主義を追う視点

さて、混迷を深める現代世界でいま求められているのは、あらたに渦巻く潮流を体系的に捉える歴史的座標軸ではないだろうか。筆者はこれまで、人種主義を唱えたアメリカの秘密結社「クー・クラックス・クラン」（KKK）に関心をもち、その盛衰のメカニズムについて考察してきた。結果、見えてきたのは、アメリカの排外主義は単なる嫌悪感情の発露が引き起こす非合理的な運動ではなく、さまざまな力関係（ポリティクス）のなかで成立する複雑な社会現象だという点である。

アメリカで排外主義は、おもに「ネイティヴィズム」の語が充てられ、歴史のうえでは、主として一八五〇年代の「ノウ・ナッシング」と、一九二〇年代に隆盛したクー・クラックス・クランの活動を指す。これらはいずれも、わずか数年で一〇〇万人規模の支持者を集めた奇異な歴史現象であった。

一般に歴史書では、ノウ・ナッシングは一八四〇年代より急増したアイリッシュ系移民に対する排斥運動、第二期クランは第一次世界大戦によって高揚したナショナリズムのもと、押し寄せる「新移民」に対して生じた運動、おおむねこのように説明される。しかし、これだけでは、なぜ短期間に支持者が一〇〇万人規模にふくらんだのか、また、なぜ極めて短い期間で衰退したのか、明らかにならない。さらに目を転じれば、アメリカ史上には排外主義の発露と捉えられそうな現象がいくつもある。

本書では、アメリカ史上の排除現象に注目することで、現代の排外主義を考えるための視座を探ってみたい。「移民が来たから排外主義が盛り上がる」という素朴な実感論に根差した理解を解きほぐし、排除現象が生じる社会的背景と、その現象の特質について考察してみようと思う。

第1章　セイラムの魔女狩り

アメリカの魔女狩りとセイラムの魔女騒ぎ

この章よりアメリカ史をさかのぼりながら、さまざまな排除現象の事例を紹介し、各現象を生み出した背景やメカニズムについて考えてみたい。序章で記したように、アメリカ史で排外主義といえば、一般的には一八五〇年代の「ノウ・ナッシング」と一九二〇年代の「クー・クラックス・クラン」の活動を指す。しかし、これら以外にも、排除を唱えた現象は数多い。

まず、一七世紀のアメリカ北東部、ニューイングランドの港町セイラムで発生した魔女狩りを取り上げたい。魔女狩りはヨーロッパにルーツがあり、集団ヒステリーが引き起こすスケープゴート現象と考えられている。原因は諸説あり、セイラムの場合、新旧の入植者同士の対立、世代間の対立、格差の問題などが指摘できるが、これらの要因には、いずれも時代を越える普遍性がある。したがって、セイラムの魔女狩りは決して過去の特殊事例というわけではない。

セイラムは、ボストンから北へ四〇キロメートルほどのところにある小さな港町である。この町の歴史は古く、入植は一六二六年、日本では江戸幕府が開かれて間もない頃にまでさかのぼる。入植から半世紀が過ぎた一六九二年、この町で魔女騒ぎが発生した。結果、

図4　魔女裁判の様子

一五〇名が魔女として告発され、一〇〇名以上が収監されて、一九名が絞首刑に処され、このほか三名が騒動で命を落とした。

なぜ小さな港町セイラムで、アメリカ史上、類をみない規模の魔女狩りが発生したのか。アメリカ北東部、ニューイングランド地方の魔女狩りは、一六四七年三月二六日、コネチカットのウィンザーで、アリス・ヤングらが処刑された一件が最初のものとされる。以後、セイラムの騒動を除けば、アメリカでは六一人が魔女裁判にかけられた。

しかし、セイラムの魔女狩りほど大規模化した事例はほかにない。一六六二年から六三年にかけて、現コネチカットの州都ハートフォードで、八名が魔女裁判にかけられる小規模の魔女騒動はあったが、数百人が魔女として告発されたセイラムの規模とは比べものにならない。

もともと、ニューイングランド地方では、魔女狩りはいずれも単発的、個別的に発生していた。告発を受ける魔女の数も、一度の事件で三名以下、たいていは一名で、さらに一六五五年以後、ほとんどの魔女裁判で被告人は無罪とされ、有罪が確定しても、大半が大赦で釈放されていた。さきのハートフォードの一件も、裁きを受けた八名のうち、処刑されたのは二名だけである。同時代の他の事件と比較すると、セイラムの魔女狩りの異常さが際立つ。

じつのところ、セイラムの魔女騒動のきっかけは、一〇代の少女たちが興じていた占いにあった。なぜ、少女たちの無邪気な遊びが大規模な魔女狩りへと発展したのか。どのようなメカニズムで大規模化したのか。これらを明らかにするために、まずは、セイラムの魔女狩りの顚末から紹介していこう。

セイラムで少女たちが行っていた占いは、卵白を水晶に見立てて、そこに浮かび上がる像を探る、というもので、黒人の使用人ティチュバから教わったものであった。セイラム村の牧師、サミュエル・パリスの娘、ベティ、姪のアビゲイル・ウィリアムズとその友達、九歳から二〇歳までの少女たち数人は、一六九二年二月のある日、パリス家の台所でこの占い遊びに興じていた。将来の結婚相手を探る目的ではじめた占いだが、結果、卵白には恐ろしい像が浮かびあがった。死者を想わせる棺のような形が現れたのである。娘たちはパニックを起こした。ベティとアビゲイルはすすり泣きをはじめ、さらに痙攣《けいれん》や発作を起こした。時間が経過しても症状は治まらず、それればかりか、大人の目の前で、奇声を発しながら部屋のなかを走り回るなど、不可解な行動を起こすようになる。なかには、難聴や発話障害、食欲不振などの症状を訴える少女もいた。

ベティの父親パリスは、近所の医者ウィリアム・グリッグスに相談した。するとグリッグス医師は、魔女の仕業による呪術の疑いがあるとの診断を下したのである。魔女呪術の疑いが生じた場合、呪術をかけている魔女を特定し、処罰するのが通常の対処法であった。したがってグリッグス医師の診断によって、医学・精神医学分野の問題であったはずの少女たちの症状は、非科学的な問題へとすり替わり、結果、この問題が宗教的、社会的に裾野を広げながら、大規模な魔女狩りへと発展する扉が開かれてしまったのである。

魔女狩りの発展

魔女を特定する場合、通常、呪術がかけられている被害者に尋ねることになっていた。セイラムでも、少女たちに聴取が行われた。少女たちは、パリス家の黒人の使用人ティチュバと、ほかにセアラ・オズグッドとセアラ・オズバーンの三人を魔女だと告発した。三人とも、すぐに逮捕された。

この三人はいずれも、村では社会的に地位の低い女性たちであった。黒人の使用人ティチュバは、占いやまじないを行うことで知られ、セアラ・オズグッドとセアラ・オズバーンは、いずれも評判の悪い女性たちであった。とくにセアラ・オズバーンは、一年二カ月のあいだ教会に顔を出していなかった。

三人への尋問はすぐに開始された。尋問を担当したのは、セイラムの執政官ジョン・ホーソーンとジョナサン・コーウィンであった。なおジョン・ホーソーンは、セイラムの魔女狩りに着想をえた小説『緋文字』の著者ナサニエル・ホーソーンの先代である。

ホーソーンらは三人を魔女だと断定した姿勢で尋問し、自白を引き出そうとした。また、尋問に少女らを立ち会わせ、自白がえられない場合、被害者が呪術にかかっている状態を確認できるようにした。これは、魔女裁判で有力な証拠とみなされた。尋問がはじまると、少女たちは聴衆の面前で苦痛に身もだえる様子をみせて、みな口ぐちに被告人たちは魔女だと訴えた。苦しむ少女たちを目の当たりにした聴衆は、みな被告人の有罪を確信した。

三人の被告人は自白をはじめる。セアラ・オズバーンは、自分が魔女に憑《と》りつかれているかもしれないと告白した。ティチュバは、悪魔に、六年間仕えたら素晴らしい褒美をやる、とそそのかされて、悪魔と契約を交わしたと白状した。また、ティチュバはセアラ・

オズバーンとセアラ・オズグッド、それにあと二人の女と総勢五人で、箒《ほうき》にまたがり空を飛んで、魔女の集会に参加したとも語った。

三人に対する尋問は一、二回で終わり、裁判は早々に結審した。魔女の嫌疑をかけられた三人は、告発を受けてから一週間もたたないうちに、ボストンにあった刑務所へと送られた。こうして魔女騒ぎは終息したかに思えたが、村ではティチュバの自白に登場した「あと二人の女」とは誰か、噂話が広まっていた。

数日後、あらたに老婆マーサ・コーリーに魔女の疑いがかけられる。これは村人にとって、衝撃的な出来事であった。マーサは村の正教会員で、ティチュバたちと異なり、信仰心も篤く、信用も人徳もある女性であった。したがって、彼女が告発されるということは、村人であれば、誰でも魔女として訴えられる可能性があることを意味した。

さらにマーサは、魔女裁判に懐疑的なことで知られていた。ところが、この姿勢が災いしたのか、まるで村の良識の芽を摘み取るかのごとく、マーサは魔女だと告発されて、裁判にかけられたのである。

尋問はこれまで同様、被告人を魔女だと断定する姿勢ですすめられた。これにはマーサもいらだちを隠せなかった。尋問中、理不尽な質問にマーサが唇を噛《か》みしめる場面があった。すると、彼女を告発した少女のアン・パトナムは、叫び声を上げて、いま、身体に噛みつかれたと騒ぎ出した。マーサが固く拳を握ることがあると、こんどは身体をつねられたと少女は訴えた。そこで、アンの身体を調べると、たしかに彼女の身体には歯形とつねられた痕が確認された。これが伝えられると、場内は騒然となった。

数日後、こんどは七一歳のレベッカ・ナースが告発された。レベッカは村人によく慕われていた老婆で、彼女の拘束を知った村人が、釈放を求める請願書を準備したほどであった。レベッカの妹セアラ・クロイスは、姉を告発した少女の父親であるパリス牧師を暗に批判した。教会でパリス牧師が催した聖餐式の最中、セアラは抗議の意思を示すため中座し、教会のドアを乱暴に閉めて退席した。とたんに聖餐式に居合わせた少女たちは、一斉にうめき声を上げて発作を訴えた。まもなく、中座したセアラも投獄されてしまう。

四月に入ると、尋問はマサチューセッツ湾植民地の副総督トマス・ダンフォースとボストンから派遣されたサミュエル・シューアル判事が担当した。セイラムの魔女狩りは、いまや植民地の中枢をも巻き込む騒動にまで発展していた。尋問と自白の強要はあらたな被疑者を生み、被告人はいもづる式に増えていった。

五月末には、植民地総督ウィリアム・フィプスが特別法廷の設置を命じ、神学理論に詳しいウィリアム・ストートン副総督を主任判事に任命した。かれは六月二日に開かれた公判で、さっそく被告人のブリジット・ビショップに絞首刑を言い渡した。この特別法廷と連動して、七月からは集団処刑が開始される。七月一九日にはセアラ・クロイス、レベッカ・ナースらの処刑が執行された。さらに、八月一九日に五名が、九月二二日に八名が、それぞれ絞首刑に処された。

魔女狩りの終息

一六九二年九月二二日の集団処刑は、マサチューセッツ湾を見下ろす小高い丘で行われた。丘の上には楢の木で組まれた十字架が八本並び、周囲には大勢の見物人が詰めかけた。この日、処刑が予定されていた八名のうちの一人、メアリー・イースティは誰よりも強く潔白を主張していた。ホーソーン判事も一度は、告発した娘マーシー・ルイスを疑いはしたが、マーシーが発作を起こしたため、イースティには予定通り、刑が執行されることになった。

イースティは処刑の直前、判事と牧師に宛てて、嘆願書を出していた。その願いが受け入れられることはなかったが、彼女の処刑がきっかけとなり、セイラムの魔女騒動は一転、終息へと向かうことになる。

処刑後、ある少女のもとに、イースティの亡霊が現れる。その少女の証言によると、そのときイースティの亡霊は、ジョン・ヘイル牧師の妻の生霊を操っていたという。亡霊が

図5　公開処刑が行われたとされるギャロウズ・ヒル

生霊を操ることは、神学理論に照らしても、考えられない事態であった。というのも、処刑された人物が生霊を操るのであれば、魔女を裁判にかけて処刑する理由はなくなってしまうからである。魔女はあくまでも生きながら悪魔と契約を結び、この世で呪術を使うとされていた。

メアリー・イースティの亡霊が出たとの噂が広まると、ひとびとは魔女裁判に不審の念を抱きはじめる。一〇月になると、不満が一気に噴出する。一二日、セイラム近郊のアンドーヴァー地区の住民から、妻子の釈放を求める請願が出される。これにつづいて、トップスフィールド、グロスター、チェルムズフォードの各地区からも、親族の釈放を求める請願が提出された。二四日には、アンドーヴァー地区の住人が、親族を告発した人を糾弾し、さらに批判の矛先を法廷へと向けた。これらの事態をうけ、植民地総督フィップスは二九日、特別法廷の解散を命じる。

ところが、魔女騒動は、すぐには終息しなかった。翌一六九三年の一月になっても、なお五二人が魔女の疑いで告発を受けた。そのうち四九人の訴えは退けられたものの、魔女だと自白した三人については、処刑が執行された。

魔女騒動の発生から一年が経過しても、依然、一〇〇人以上が魔女として拘留・収監されていた。九三年五月、ついに植民地総督のフィプスは大赦を出し、全員の釈放を命じる。こうして収監者たちは釈放されたのだが、皆には一週間あたり二シリング六ペンスの収監料にくわえ、食事代まで請求された。

ピューリタンの理想と現実

セイラムの魔女狩りはなぜ発生し、なぜ大規模化したのか。この理由を考えるために、セイラムが位置するアメリカ北東部、ニューイングランド地方の歴史をさかのぼってみよう。

ニューイングランドの歴史は、一六二〇年、ピルグリム・ファーザーズと呼ばれる一団が渡来したことからはじまる。ピルグリム・ファーザーズは英国国教会の腐敗を嘆き、カンタベリー大司教ウィリアム・ロードによる弾圧を逃れて、信仰に根差した暮らしを夢見て大西洋を渡ってきた。

ピューリタンは厳格な規律を守り、禁欲的生活を営むことで知られていた。その程度が窺えるこのような逸話がある。ピューリタンの子供たちが子熊をいじめて遊んでいたところ、大人がそれを制止した。その理由は、子熊がかわいそうだからではなく、子熊をいじめるという行為が快楽をもたらすからであった。それほど、かれらは快楽を戒めたのである。

ピルグリム・ファーザーズは世俗的なイギリスでの暮らしと決別し、信仰にもとづく質素で平穏な暮らしを求めて大洋を渡った。一行を乗せた帆船メイフラワー号は、二カ月の航海ののち、現在のマサチューセッツ州の東端ケープコッド岬沖にたどり着く。ここで上陸に先立ち、メイフラワー号に乗り込んだひとびとのあいだで、有名な「メイフラワー誓約」が交わされた。

メイフラワー誓約は、ピューリタンとそれ以外の者が、上陸後、ともに共同体の建設に向けて協力することを約束した契約書であった。宗派の違いを超えて、理念や目的を共にする異質な者同士が力を合わせることを誓ったこの物語は、さまざまな出自の移民が集うアメリカにおいて、なかば伝説となって語り継がれてきた。

ところが、アメリカ史の源流に位置するこの美談にも、排除の一面があった。というのも、メイフラワー誓約に署名した人は、メイフラワー号に乗船していた一〇二名のうち、成人男子四一名だけで、のこる女性や未成年者ら六十余名が、誓約書に署名することはなかったのである。たしかに、これが当時の慣例であったのかもしれない。ただ、アメリカの、理念にもとづく統合を物語る伝説的な逸話にも、異質者を受け入れる寛容さと、署名者を限定する「排除」の二面性があった点は指摘しておきたい。

ピルグリム・ファーザーズがプリマス植民地を拓いてから一〇年後、ピューリタンの大移住がはじまる。一六三〇年から四〇年頃までに、イギリスからニューイングランドに向けて、約二万人のピューリタンが押し寄せた。

ニューイングランド入植当初、ピューリタンたちの関心は、信仰に根差した慎ましい禁欲的生活を営み、自らの救いを揺るがせない点にあった。救いはキリスト教において三つに区別される。誰もが救われる普遍的救済説、信徒のみが救われるとする考え、信徒であっても選ばれた者だけが救われるとする特殊的贖罪《しょくざい》、これらであるが、なかでもピューリタンは、もっとも排他的な特殊的贖罪の立場に立っていた。

救いは移住の原動力となったいっぽう、ピューリタンと他者とを区別する根拠にもなった。かれらは自らを「聖徒」と呼び、それ以外の「よそ者」（ストレンジャー）と区別した。ピューリタンにとってよそ者は、救いが不確かな、いわば罪人も同然であった。これを踏まえると、聖徒とよそ者が協力を約束したメイフラワー誓約の意義は際立つだろう。

したがって、ニューイングランドに建設されたピューリタンの共同体「タウン」では、聖徒とよそ者はことあるごとに区別されていた。たとえばタウンでは、土地の割り振りなどの重要な課題は、聖徒が占める正教会員による話し合いで決められた。よそ者は教会の聖餐式への参加も認められていなかった。

もっとも、ニューイングランドのピューリタンは、宗教組織としては中央集権化されておらず、タウンの事情に応じて比較的、柔軟な宗教生活が営まれていたようである。それでも、政教分離を唱えたロジャー・ウィリアムズや、特殊的贖罪を否定したアン・ハッチンソンのように、異端を唱えるものは植民地から追放された。

一六四〇年代以後、ニューイングランドへの移民の流れはほぼ収まり、かわって人口は自然増加に転じた。セイラムの魔女狩り直後の一七〇〇年頃には、この地方の人口は約五倍になり、一〇万人に達している。思えば、禁欲主義に立ち、快楽を強く戒めるピューリタン社会である。半世紀で人口が五倍になるほどの自然増加に、ピューリタンの人間味が感じられなくもない。

人口が増加すると、社会にはさまざまな問題が生じた。マサチューセッツ植民地では、耕作地の不足が大きな問題となった。移民の第三、第四世代になると、耕作地が不足し、生まれ育った土地を離れて、ニューハンプシャーやメイン、ニューヨークなどの近隣地域への移住を強いられる者も少なくなかった。

また、世代が下るにつれて、ピューリタンの宗教的な情熱も薄らいでいった。それゆえ、「救い」を確かなものとする体験がえられず、教会の正教会員になるための条件を満たせない者も多数、出現した。かれらを念頭に一六六二年、「半途会員」という資格があらたに設けられる。だが、半途会員には日々の厳しい規律の遵守が求められたいっぽう、正教会員と同等の資格は与えられていなかった。

一六六〇年頃には、北大西洋に、北米大陸、西インド諸島、北アフリカ、イギリスにまたがる国際的な貿易網が広がり、ニューイングランドの港町は貿易で発展しはじめる。ニューイングランドから西インド諸島に向けて、木材や食料が輸出され、西インド諸島からは糖蜜がもたらされ、それを原料にラム酒が製造されて、各方面へ輸出された。港町であったセイラムは貿易と商業活動で栄えた。

したがって、セイラムの魔女狩りが発生する一七世紀末、ニューイングランドでは移民の第一世代が築いた信仰にもとづく社会に、さまざまなひずみが生じていた。また、商業活動で富を蓄積する者が現れ、信仰に代わる価値観が社会に広まりつつあった。この状況について、当時のニューイングランドを代表する聖職者インクリース・マザーは、「われわれの先祖がこの地へやって来たのは、信仰のためであって、世俗の富のためではなかった」と嘆いた。

セイラムの不満と確執

セイラムという地名は、聖書の「サレム」に由来する。サレムは現在のエルサレムを指すが、エルサレムの「エル」は町、「サレム」は平和を意味する。したがって、セイラムは「平和の町」を意味したが、それとは裏腹に、一七世紀末のセイラムにはさまざまな対立の火種がくすぶっていた。

魔女狩りが発生した当時、セイラムは厳密にいうと、「セイラム町」と「セイラム村」、および周辺地域とに分かれていた。もともと、セイラム村は「セイラム農区」と呼ばれ、セイラム町の一部であった。この農区の住民は、つねに町に対して不満を抱えていた。たとえば、農区の住民は週末ごとに、日曜礼拝のために一六キロメートルも離れた町の教会まで出向かなければならなかった。夜警の当番になると、おなじ距離の夜道を歩いた。さらに、自治権や教会の運営をめぐっても、町と農区のあいだには対立が絶えなかった。

この地域には、これら表面的な不満の背後に、大きな経済格差が生じていた。セイラム町はマサチューセッツ湾植民地で第二の規模を誇る港町で、そこに住む町人層は大西洋貿易圏と内陸部とを結ぶ商業活動により、大きな富を蓄えていた。いっぽう、農業を生業とするセイラム農区の住人は、他の植民地と比べても耕作地が少ないセイラム郊外の地で、思うように利益を上げることができずにいた。

この貧富の格差を数値で示すと、たとえばセイラム町に限っても、富裕な一〇パーセントの人が、町内の富の六二パーセントを所有するという状況にあった。そして、この差は、町議会にも反映された。町議会の代議員は、商人層と農民層の割合が六対一という割合で構成されており、セイラム町の政治は、商人が中心となって動かしていた。

大西洋貿易圏にアクセスする商人層が対外貿易で富を蓄え、土地に縛られた農民層が相対的に貧しい立場にある構図は、さながら、グローバル化の波に乗り、世界各地から富を掻き集める多国籍企業と、それにより搾取される側という、現代の世界が抱える経済格差の構図を想起させる。

積年の鬱憤を溜め込んでいたセイラム農区の住民は、一六七二年、ついにセイラム町からの独立を果たす。自分たちの地域に教会を設け、セイラム村を立ち上げたのである。だが、村の独立はあらたな対立のはじまりでもあった。あたらしい教会の立ち上げ方、雇う牧師の選定、その資金や報酬額など、教会の運営をめぐっては、村内で「口論と殴り合い」をともなう対立が生じていた。

セイラム町とセイラム農区との格差は、農区が村として独立したあとにも引き継がれた。

村人のうち、町の商人層と取引のあったひとびとは、セイラム町とのつながりを継続し、町に反発心を抱く農民層と対立した。この対立は、村内の教会に着任したパリス牧師を支持するか否かで二分されて、しだいに親セイラム町（反パリス牧師派）、反セイラム町（親パリス牧師派）に集約された。

やがて村内の対立は、村の有力な地主であるポーター一族とパトナム一族との対立とも重なりながら、複雑な利害関係の争いへと発展してく。セイラムの魔女狩りについて研究するボイヤーとニッセンボームは、ニューイングランドを揺るがしたセイラムの魔女狩りの下地には、村内の複雑な派閥争いがあったと指摘する。すなわち、双方の派閥が、魔女の仕業という態をとって相手側を吊し上げ、この応酬が過熱するなかで魔女狩りは泥沼化していったというのである。

セイラムの魔女狩りは、現世の物質的・政治的な対立が、魔女狩りという観念的次元に転嫁されるかたちで争われた、屈折した代替的闘争であった。したがって、この問題を根本的に解決するためには、魔女を処刑するのではなく、社会の不満と向き合う必要があった。しかし、現世のさまざまな火種は、派閥争いに集約されるなかで不満を焚きつける材料になりはしたものの、対立を解決する端緒と理解されることはなかったのである。

魔女狩り拡大のメカニズム

　それにしても、なぜ少女たちの占いに端を発した小さな火種が、大規模な魔女狩りへと発展したのであろうか。なぜ周縁者だけでなく普通に暮らすひとびとが、つぎつぎと魔女に仕立てられたのであろうか。

　そもそも、魔女裁判の悲劇の根源は、魔女という非合理な存在を、裁判という合理的手続きで裁こうとする矛盾にある。近代合理主義の見地に立てば、魔女や魔術に科学的根拠はない。当然ながら、魔術が使われた証拠も存在するはずがない。ところが、キリスト教の世界で魔女は、裁判の手順を踏んで裁く定めになっている。したがって、裁きに際しては、判事が判決を下すに足る「客観的」証拠が必要となる。

　そこで重視されたのが被告人の自白であった。ヨーロッパでは、自白を強要するためにさまざまな拷問器具が考案された。その多くは、実際に使用するためのものではなく、被

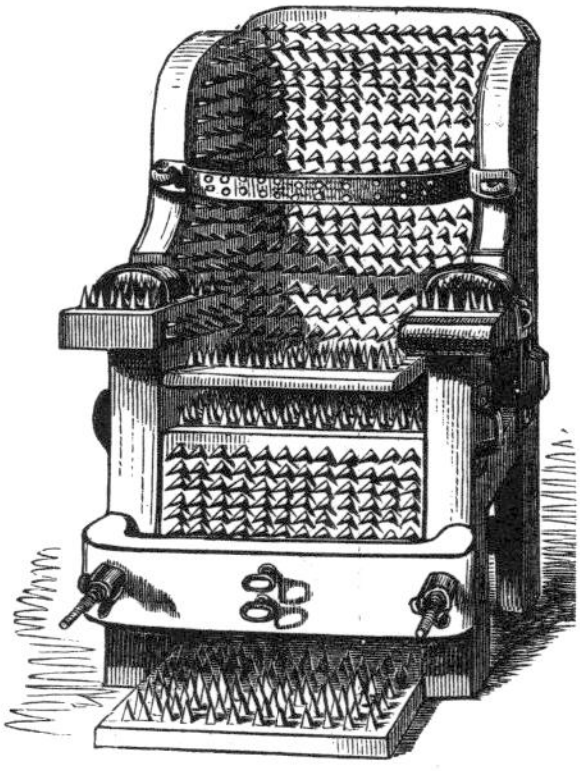

図6　ドイツの魔女裁判で用いられた拷問椅子

告人の恐怖感情を煽り立てて、自白を引き出す目的のもとに考案されていた。拷問器具がひとびとの想像をかき立てる刺激的な姿や形をしているのも、このような理由による。

セイラムの魔女裁判でも、証拠として重視されたのは被告の自白であった。もともと、ピューリタン社会には、会衆を前にして回心体験を告白する伝統があった。これは、正教会員になるために求められた手順で、これに臨む人は、会衆を前にして厳しい問答に耐えなければならなかった。

セイラムの魔女裁判で行われた尋問も、この回心体験を告白する手順を想起させるものであった。尋問は村人が集う公開の場で行われ、被告人には判事から矢継ぎ早に質問が重ねられた。正教会員になるための告白と、魔女を暴き出すために強要される自白と、両者を照らし合わせると、魔女裁判の手順がピューリタン社会の伝統の枠に収まっていたことがわかる。

また、公開裁判という形式も、悲劇を助長させる要因であった。裁判に集った聴衆が、みな被告人が魔女であると確信していた場合、被告人には相当の心理的圧力がかかったはずである。群集の心理が一定の方向へ傾くなかで、被告人が抗して反論などすれば、魔女の嫌疑を強めこそすれ、疑いを晴らすにはいたらなかった。

たしかにセイラムの騒動では、魔女裁判に懐疑的な人が魔女だと訴えられる事例が相次いだ。たとえば、家柄の良いマーサ・コーリーや、レベッカ・ナースらである。魔女裁判に不審感を抱いていたセアラ・クロイスも、魔女だと告発された。魔女裁判に懐疑的な人が吊し上げられたことで、結果、裁判の暴走に歯止めをかける端緒が失われてしまった。

さらに特別法廷の設置も、魔女狩りが拡大した一因といえる。マサチューセッツ湾植民地の総督に着任したウィリアム・フィプスは、セイラムの騒動を収束させるため、さっそく特別法廷の設置を命じた。もちろん、総督は事態の収束を願って法廷の設置を命じたのであるが、特別法廷が導入されたことで、魔女裁判は市民同士の応酬の次元を超えて、上位権力を巻き込んだ司法制度として成立してしまった。

これを支えたのが、主任判事に任命された植民地副総督ストートンであった。かれは神学理論に厳格で、イギリスの魔女裁判の判例に倣い、リチャード・バーナード『陪審員案内書』、グランヴィル『イギリスおよびアイルランドの諸判例集』、キーブル『普通法』、リチャード・バックスター『霊の世界の確かさ』、ロバート・バートン『暗黒の王国』、およびコットン・マザー『魔法に関する記憶すべき摂理』などを参照し、神学理論に照らしながら教条主義的に被告人を裁いていった。集会を重んじるピューリタン社会に特別法廷が設置されたことで、被告人には群集心理と上位権力の、二重の圧力がのしかかった。

魔女は人間の姿をしていると考えられていたことも、魔女狩りが大規模化した要因であろう。魔女狩りは、任意の人物を魔女に仕立て上げて、合法的に社会から追放する、排除の手段と化してしまったのである。結果として、村の周縁者だけでなく、裕福な商人、ハーヴァード大学を卒業した牧師、また植民地議会の議員や、植民地総督の妻までもが、魔女として告発された。

魔女狩りと聞くと、魔女というセンセーショナルな存在に関心が集まるが、その実、騒動の原動力は背後に潜む社会的な不満や鬱憤にあった。社会に蓄積する不満が歪んだかたちで表出すると、事態の見極めと収拾は難しくなる。インターネットやマスメディアに情報が氾濫する現代、原因と結果はますます見えづらくなっている。セイラムの魔女狩りが残す教訓は決して小さくないだろう。

第2章　ネイティヴィズムと「ノウ・ナッシング」

ネイティヴ・アメリカンの「涙の旅路」

セイラムの魔女狩りからおよそ一〇〇年後、アメリカは独立戦争を経て、一七八九年、連邦政府を創設し、独立国家として歩みはじめる。つづく一八一二年戦争の危機が去ると、対外的な不安にはひとまず区切りがつき、国民の関心は国内へと転じた。

アメリカは合衆国銀行を創設し、保護関税を導入して、国内産業の保護に努め、また、エリー運河の建設や鉄道の敷設、公有地法の制定を通して、広大な西部の開発に乗り出す。結果的に、一三州植民地から出発した合衆国は、一八四〇年代の末までに、大西洋から太平洋に広がる大陸国家に成長した。

合衆国の西部開拓は、アメリカ人の精神性を指すときに用いられる「フロンティア・スピリット」を養ったが、他方、西部開拓の歴史は、「インディアン」と呼ばれたネイティヴ・アメリカン部族の排除と迫害の歴史と表裏一体であった。植民地初期、入植したばかりのピューリタンたちは、ネイティヴ・アメリカンの知恵や食料に支えられて、かろうじて越冬した。だが、植民地での暮らしが安定すると、一転して先住民たちは排除の対象となった。

一八三〇年、インディアン移住法が制定されると、フロリダ、アラバマ、ミシシッピなどの南部諸州で暮らすネイティヴ・アメリカンたちは、現在のオクラホマ州に用意された居留地への強制移住を強いられる。従わない場合には、部族まるごと根絶やしにする「絶滅政策」が待っていた。指定の移住先までの二〇〇〇キロメートルの道のりは、「涙の旅路」と呼ばれ、移住先に着くまでに多くの命が失われた。とくにチェロキー族は、移住のために部族の四分の一に相当する四〇〇〇名が命を落としたと伝えられている。

一八九〇年、サウスダコタ州でスー族が虐殺される「ウンデット・ニーの虐殺」が発生する。ネイティヴ・アメリカンが信仰する「ゴーストダンス」という踊りが禁じられたことで、白人との間に緊張が高まり、スー族が白人に刃向かったが、逆に大量に虐殺されたという事件である。虐殺の犠牲者は女性や子供を含む三〇〇人にのぼった。これが、ネイティヴ・アメリカンによる最後の大規模な抵抗となった。ちょうどアメリカからフロンティアの消滅が宣言された一八九〇年、ネイティヴ・アメリカンの誇りと尊厳も、白人の侵略によってアメリカの大地からかき消されてしまった。

アメリカはネイティヴ・アメリカンを迫害しながら領土を拡大し、地理的空間を広げて国家の外枠を整えていくのであるが、これと同時にアメリカでは、「アメリカ人」とは誰なのかという、質的次元の問いも浮上しはじめる。

独立後まもなく、フランスから移住してきた思想家のミシェル・ド・クレヴクールは、

『アメリカ農夫の手紙』（一七八二）で、新国家樹立に向けて、「ここでは、あらゆる国々から来た個人が融け合い、一つの新しい人種となった」と理想を書き上げた。だが、これは楽観論であり、現実は異なった。

アメリカ人とは誰かという問いが大きな社会問題に発展するのは、一八四五年頃より渡来するアイリッシュ系移民を受けてのことである。アイリッシュは外見上、白人プロテスタントと同じでありながら、その多くがカトリックを信仰し、飲酒の習慣もあった。およそ一五〇万人ものアイリッシュが押し寄せたことで、これまでアメリカで主流を占めていた白人プロテスタントのあいだで、宗教的にも文化的にも、異質な移民をどのように迎えるべきか、議論が巻き起こった。

アイリッシュ移民と反移民感情

一八四五年頃から増えはじめるアイリッシュ系移民は、ジャガイモ飢饉の影響で海を越えてきたといわれている。だが、それ以前の一八三〇年代にも、産業化したイギリスからもたらされた製品によって職を奪われたプロテスタント系の職人たちが、アイルランド北部からアメリカへと渡ってきていた。

また、一八三〇年代から四〇年代、奴隷貿易が禁止されると、奴隷船は客船へと転用され、結果的に、渡航運賃が値下がりし、非熟練労働者がアイルランド全土からアメリカへとやって来た。ただ、その数は年二万〜五万人で、西部開拓を進めていたアメリカ社会が吸収できない規模の移民ではなかった。

ところが、一八四五年、アイルランドでジャガイモ飢饉が発生すると、事態は急変する。ジャガイモの収穫量は、一八四五年に平年の三〇パーセント、一八四七年には一〇パーセントにまで激減し、人口八〇〇万人のアイルランドで一〇〇万〜一五〇万人が飢えなどで命を落とした。

命を繋いだ人のうち、アイルランドの地を去った人の数は二〇〇万人。このうちの四分の三に相当する一五〇万人が新大陸へと渡ってきた。とくに移民は、一八四九年から五三年にかけて急増し、この間、アメリカには毎年、三五万人の移民が押し寄せた。そのうち二〇万人がアイルランドからの移民であった。アイルランド系移民の九〇パーセントがカトリック教徒で、同じく九〇パーセントが非熟練労働者、さらに三分の一が英語ではなくゲール語を第一言語とした。

文化や宗教が異なる移民が大量に押し寄せたことで、アメリカ社会のアイリッシュに対する目は、一八五〇年代、一気に厳しさを増す。だが、反アイリッシュ感情は、たんに異質者だからという理由で沸き起こったわけではない。

反アイリッシュ感情を説明するとき、まず指摘されるのは、宗教の違いである。カトリック教徒たちは、「旧世界」を代表するローマ教皇に忠誠を誓う。これは、自由・平等・共和主義を理念に掲げるアメリカの価値観とは相入れないものであった。さらに、公立学校で使用する聖書の選定も対立の引き金となった。カトリック移民は新興国アメリカを揺さぶる尖兵、との陰謀説まで噂された。

アイリッシュ系移民の犯罪率の高さも反アイリッシュ感情を刺激した。飢饉で住み慣れた国を追われて、異国の地で貧困に苦しみ、先行きの見えない不安に駆られながら暮らすアイリッシュのなかには、飲酒に安らぎを求める人も少なくなく、飲酒に起因した犯罪が多発していた。ニューヨーク州では、約一万人の逮捕者のうち、六割が外国生まれで、うち五五パーセントがアイリッシュであった。一八五〇年に逮捕された二万七〇〇〇人のうち、半数が外国生まれであったという報告もある。

当時の新聞は、移民の犯罪率の高さを書き立てた。マサチューセッツ州のある新聞は、ある町で一週間に逮捕された者のうち、四一人中四〇人が外国生まれだったと報じ、また別の新聞は、犯罪者一〇人のうち九人は外国生まれで、カトリック教徒の移民はとくに犯罪に手をそめやすいと断じた。

しかし、宗教の違いや犯罪率の高さを指摘するだけでは、反アイリッシュ感情をエスニシティに帰す本質論を弄しているにすぎない。すなわち、アイリッシュが嫌われるのはアイリッシュだから、と理屈づけるのと同じである。これでは身も蓋もない。それに、移民は移民だから排斥される、という理解は、移民は移民だから排斥されるべき、という主張を肯定することにもなる。

こう書くのには理由がある。じつのところ、反アイリッシュ感情には、実利的側面が大きく影響していた。というのも、新移民を支援するために、巨額の公費が投じられていたのである。

ニューヨークでは公費による移民支援が実施されていた。たとえば、一八五二年にニューヨークにやってきた移民三〇万人のうち、約半数がこの補助の世話になっていた。また、ニューヨーク州では貧困対策に三〇〇万ドルが投じられていたが、そのうちの半分を移民が受け取っていた。同州には約二万人の米国生まれの貧困者がいたが、外国生まれの貧困者の数は四万人にのぼっていた。マサチューセッツ州では、外国生まれの貧困者の数が、米国生まれの一〇倍にも膨れ上がっていた。

ある役人はこう話している。「わが州の貧困者のほとんどは外国人です。……外国生まれの親の子供たちのうち、六人中五人は支援の受給者です。その大半は怠け者で、無知で偏見をもち、理不尽な連中です。州による支援を慈悲としてではなく、当然の権利として受けているやっかい者なのです」。

アイリッシュの場合、ジャガイモ飢饉に追われて、命からがら故郷を去ってアメリカに来たため、貧困に苦しむのは当然であった。だが、かれらも行政に頼ってばかりではなかった。アイリッシュは同郷人を支援するために、「タマニー・ホール」「アイルランド慈善協会」「聖パトリックの息子たち協会」など慈善組織や結社を通して、貧しい移民を扶助するとともに、仕事の斡旋なども行った。

これらの慈善組織などは、選挙になると票をとりまとめる「マシーン」となり、ニューヨークのタマニー・ホールは、アイリッシュを象徴する緑色にちなみ、「グリーン・パワー」の拠点となった。扶助の見返りとして、また自衛のためにも、アイリッシュ移民たちは票をとりまとめるボスの指示にしたがって投票した。伝統的に、アイリッシュは民主党を支持したが、民主党の政敵、ホイッグ党支持者からすると、アイリッシュの集票マシーンは不満の種であった。

アイリッシュの慈善組織や結社は、貧困者に手を差し伸べるだけでなく、エスニック・マイノリティとして団結するときの抵抗の基盤としても機能した。その反面、アメリカ社会に馴染もうとしない、独自のエスニシティを固持する集団という印象をもたらした。さらに、集票マシーンが機能して、政界に影響を及ぼすようになると、反感はさらに膨らんだ。これが一般に、「ノウ・ナッシング」急拡大の要因と説明されるが、果たしてそうだろうか。

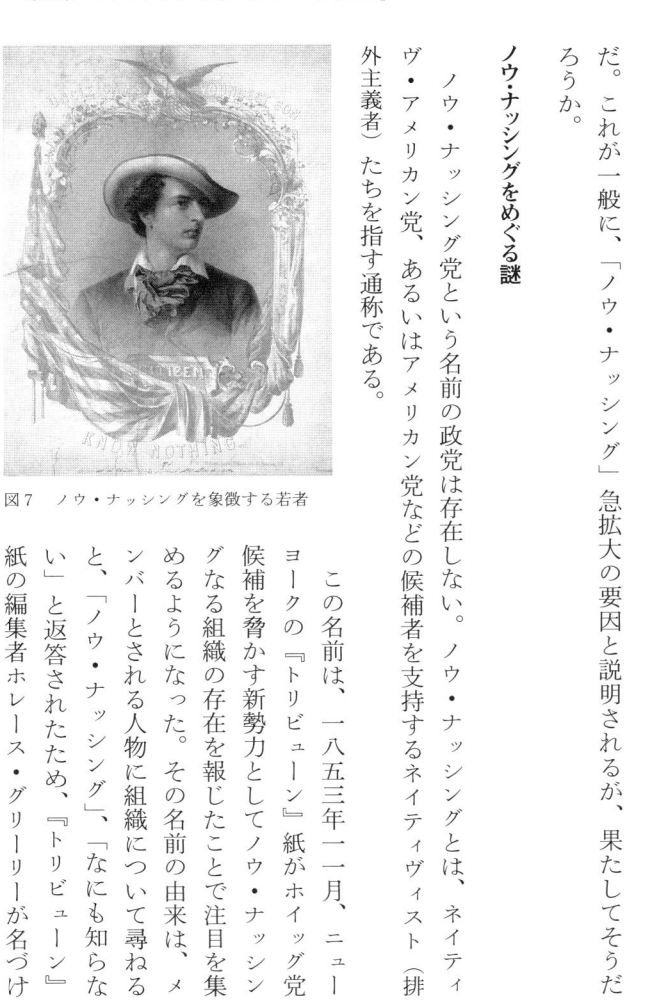

ノウ・ナッシングをめぐる謎

ノウ・ナッシング党という名前の政党は存在しない。ノウ・ナッシングとは、ネイティヴ・アメリカン党、あるいはアメリカン党などの候補者を支持するネイティヴィスト（排外主義者）たちを指す通称である。

図7　ノウ・ナッシングを象徴する若者

この名前は、一八五三年一一月、ニューヨークの『トリビューン』紙がホイッグ党候補を脅かす新勢力としてノウ・ナッシングなる組織の存在を報じたことで注目を集めるようになった。その名前の由来は、メンバーとされる人物に組織について尋ねると、「ノウ・ナッシング」、「なにも知らない」と返答されたため、『トリビューン』紙の編集者ホレース・グリーリーが名づけた他称である。メンバーが自ら「ノウ・ナッシング」と宣言したわけではなかった。

組織は一八五三年五月〜五四年五月頃にかけて結成されたとみられ、その活動は五五年に最高潮を迎える。結成の時期が、『トリビューン』紙の報道と合致しないのは、組織について、正式な公表がなかったためであろう。組織は一時、一〇〇万人とも見積もられる支持者を集める。だが、翌五六年に分裂し、崩壊する。なぜノウ・ナッシングは、これほど巨大な集団に急成長したのであろうか。そしてなぜ、瞬く間に崩壊したのであろうか。

一般にノウ・ナッシングは、アメリカ建国後、はじめて高まった排外運動とされる。そして、アイリッシュらカトリック移民が大量に流入したことで、ネイティヴィズムが発露したものと説明される。

だが、この解説では、なぜ一、二年という短期間に、一〇〇万人もの支持者が集ったのか、また、なぜわずか一年ほどで分裂・崩壊したのか、明らかではない。ノウ・ナッシングの盛衰を考えるために、まずはネイティヴィズムがアメリカ社会で勢いづくまでの経緯をたどってみよう。アメリカのネイティヴィズムの歴史は、アメリカが独立を果たす以前にまでさかのぼる。そしてネイティヴィズムは、おもに秘密結社などの組織が唱えていた。

秘密結社とネイティヴィズムの勃興

アメリカの秘密結社については、拙著『クー・クラックス・クラン――白人至上主義結社KKKの正体』（平凡社新書）でも触れたが、一九世紀アメリカでは秘密結社が大流行していた。南北戦争後の三〇年間を例にみると、アメリカ人男性の五人から八人に一人が、なんらかの結社に加入していたといわれている。

アメリカで秘密結社が流行した理由は、フランスの政治学者アレクシス・ド・トクヴィルが指摘したように、ヨーロッパのような伝統的な階級制度が存在していないアメリカでは、市民は身を守るために、なんらかの団体的な力を求めたからであった。

また、現代の保険会社が担うような相互扶助の役割があったことも、秘密結社が流行した理由のひとつと指摘できる。たとえば、フリーメイソンと並ぶ大規模結社オッド・フェローズは、会費を支払う見返りとして、病気時に見舞い金を支払ったり困窮者を支援したり、孤児となった会員の子の教育支援などを行っていた。当時の結社に詳しいW・S・ハーウッドが、秘密結社の会員に支払われた見舞い金や死亡給付、夫に先立たれた女性や孤児向け給付などを含む組織の慈善費を調べたところ、その額は一八九九年だけでもなんと総額六億五〇〇〇万ドルに達したという。

たとえば当時、フリーメイソンは会員数七五万人で、金額は九〇〇〇万ドル、オッド・フェローズは会員数八一万人で、金額は七四〇〇万ドル、ピシアス騎士団は会員数四七万人で金額は一〇〇〇万ドルであった。ハーウッドが調べた四六の秘密結社の、総会員数は五〇〇万人ほど。したがって、秘密結社は当時のアメリカにおいて、五〇〇万人とその家族を支える巨大な保険機構にも類する存在であった。

ネイティヴィズムを唱える結社に話を戻すと、その源流は、一七六四年頃に結成された「自由の息子たち」にさかのぼる。この結社は、まだアメリカがイギリスの植民地であった頃、イギリスの政治に異を唱え、「代表なくして課税なし」と訴えて、のちにアメリカの独立を主張した。一七七一年に結成された「タミナの息子たち」も、本国と比べて不公平な植民地の法律に異議を唱え、独立を訴えた結社であった。

一九世紀を通し、ネイティヴィズムの隆盛には二度の大きな波があった。第一期は一八四五年頃から五五年頃まで、第二期は一八七〇年代から世紀転換期にかけてである。いずれの波も、移民が急増した時期と重なる。すなわち、第一期はアイルランドからカトリック系移民が大量に訪れた時期、第二期は「新移民」と呼ばれる南欧・東欧からの移民が増えはじめた時期、これらと符合する。

しかしながら、乱立したネイティヴィズムを唱える秘密結社が、いずれも見慣れない移民の排除を目的に結成されていたのかといえば、そうではない。ネイティヴィズム、すなわち排外主義と聞けば、保守的で反移民を主張する過激な集団と誤解しかねないが、じつのところ、結社の主張はさまざまであった。

これは第六章で詳述するが、とくに第二のネイティヴィズム流行期には、移民排斥を正面から訴える結社は少数で、むしろ移民の制限や移民を受け入れる場合の教育方針、またアングロサクソンとの同化の方法を模索するなど、妥協点や包摂の可能性を探る結社の方が数は多かった。

ネイティヴィズムと反移民感情がはじめて結びつくのは、一八三四年八月、サウスカロライナ州チャールストンで、カトリックの神父が修道女の自由を妨害したとの噂が流れた一件においてである。このあと噂は陰謀論に発展する。それはすなわち、アメリカの民主主義が世界に拡散するのを阻止する目的で、ヨーロッパの君主制支持者が合衆国にカトリック教徒を送り込み、西部で布教活動をすすめているというものであった。つまり、カトリック教徒の移民はアメリカが是とする民主主義の理念をむしばんでいる、という物語が仕立てられたのである。

結果、一八三五年六月、反カトリック、反移民を訴える「ネイティヴ・アメリカン民主協会」が結成される。この組織は、犯罪歴のある移民の入国禁止と、カトリック教会による侵略反対を訴えて、同年一一月、ニューヨーク市で行われた選挙で四割ちかい支持票を集めた。だが、長続きはせず、三八年頃までには忘れ去られる。

一八三九年、ニューヨークで、カトリック教徒と移民をめぐり、問題が再び浮上する。ニューヨークの公立学校では、プロテスタント用の聖書が採用されていた。このため、宗派が異なるカトリック教徒たちは、子供を公立学校へ通学させていなかった。ネイティヴィストたちは一八四三年、「アメリカ共和党」（アメリカン・リパブリック党）を結成し、この問題を追及して支持を広げた。

水面下では、ネイティヴィズムを掲げる秘密結社が再結成されていた。一八四四年一二月末、ニューヨーク市で「アメリカの兄弟」が結成され、ひと月後、名称が「アメリカ連合団」に改められた。かれらは、プロテスタント教会とアングロサクソンこそがアメリカであると訴えて、アメリカへの忠誠と愛国主義を掲げた。そして、外国による支配や諸国の影響から自国を守ろうと呼びかけ、カトリック教徒が用いるドゥアイ・リームズ聖書の公立学校からの排除などを訴えて支持を集めた。

アメリカ連合団は、一八四八年にはニューヨーク州に二一の支部を設け、やがて支部は一六の州に広がり、総会員数は五万人に拡大した。幹部には、石工、塗装工、船員、肉屋、雑貨店の店主、大工、このほか富裕な商人や専門職の人がいた。会員は二一歳以上の白人で、アメリカで生まれたプロテスタント教徒の男性に限られたが、女性が集う組織「全米姉妹会」も組織された。

一八四五年には、友愛結社「全米機械工友愛会」が結成される。これはフィラデルフィア生まれの相互扶助を目的とした結社で、移民やカトリック教会の影響から会員を守ることを目指し、公教育の保全を訴えた。ただ、外国人排斥には否定的で、同結社の会員の権利や特権が認められる限り、移民は誠実にもてなすとしていた。同じく、愛国主義を掲げた相互扶助を目的とする結社には、「愛国結社」や「アメリカの息子たち」などがあった。ほかにもこの時期、「自由の守護者たち」、「アメリカ生まれの息子たち」、「真の同志」などの秘密結社が組織されたが、これらはいずれも、のちにノウ・ナッシングに統合される。一八四五年、アメリカ共和党は党名を「ネイティヴ・アメリカン党」に改め、その支持者はニューヨークで五万人、全国で一一万人に拡大した。この党がのちの一八五〇年代、「アメリカン党」という名称でノウ・ナッシングが支持する政党となる。

急拡大のからくり

一八五〇年の春頃、ニューヨーク市であらたに「星条旗団」という結社が組織される。星条旗団は政治活動に特化した集団という点で、従来の秘密結社とは一線を画していた。秘密結社の会員には、一般に入会金や年会費の支払いが求められたが、星条旗団は会費不要であった。また、秘密めいた儀礼への参加や、儀礼で用いる衣装購入の義務もなかった。

いっぽう、街宣活動は積極的に行い、パレードや講演会を主催し、政治主張を訴えて回った。したがって、星条旗団を秘密結社ではなく準秘密結社と理解する向きもある。

星条旗団は積極的に活動を行ったが、結成から二年を経ても正会員は四三人にとどまる弱小結社であった。ところが、さきに紹介したニューヨーク州を中心に活動する有力結社のアメリカ連合団は、一八五三年五月から五四年五月にかけて、この弱小結社である星条旗団との合流を決断する。これが、ノウ・ナッシングとして知られる集団となる。

一説には、星条旗団がそのままノウ・ナッシングになったとの解釈もあるようだが、このあたりの詳細は不明である。いずれにしても、重要なのはノウ・ナッシングがネイティヴィズムを集約する基盤となったという点である。

支持者は急拡大した。一八五四年六月から一〇月にかけて、「会員」数は五万人から一〇〇万人に激増した、という信じがたい推計もある。だが、その躍進の成果をみると、この数字は決して大げさではないように思えてくる。

ニューヨーク州では、ノウ・ナッシングが推す候補者の政党が第三位につけた。マサチューセッツ州のボストンやセイラムでは、ノウ・ナッシングが支持する市長が誕生し、のちには州議会の議員選挙にも勝利した。ノウ・ナッシングは、ペンシルヴェニア州とフィラデルフィアでの選挙結果に影響を及ぼし、中西部のアイオワや北東部のメイン、また極西部のカリフォルニアの各州でも存在感を示した。

じつのところ、ネイティヴィズムを掲げる政治結社は、あまり長続きするものではなかった。たしかに宗派対立やエスニック・グループ同士の暴力事件が発生すると、ネイティヴィズムが支持を伸ばすことはあった。だが、事態が鎮静化すると、有権者はそれぞれ、馴染みの支持政党へと票を戻し、ネイティヴィズムは失速するのが常であった。ネイティヴィストたちは、ネイティヴィズムをいかに政治に反映させるか、苦心してきた。

ところが一八五四年から五五年にかけて、ノウ・ナッシングは地域を超えて劇的な躍進をみせる。なぜか。ノウ・ナッシングが選挙で掲げた政治主張は、反カトリック、反アルコール、反奴隷制、この三点であった。したがって、一般的な理解に違わず、この時期のアイルランド系移民の急増は、ノウ・ナッシング躍進の一因と理解できる。

だが、アイルランド移民の数が増加するのは一八四〇年代の後半からであり、一八五四年にはすでに、最多期を過ぎて減少傾向に転じていた。したがって、移民の急増が直接、ノウ・ナッシングの躍進に影響していたかどうか、定かではない。

またノウ・ナッシングは、ヨーロッパからの移民が上陸する東海岸を超えて、全国に支持を広げていた。その理由は、ノウ・ナッシングが掲げた政治主張の三点目、反奴隷制の影響が大きい。したがって、ノウ・ナッシングは奴隷制反対の主張によって、一気に一〇〇万人もの規模の支持者を集めたわけであるが、ここにはさらに、アメリカにおける第二次政党政治の崩壊という裏事情があった。

第二次政党政治の崩壊は、カンザス―ネブラスカ法案をめぐる政争に起因する。カンザス―ネブラスカ法案とは、カンザスとネブラスカの両地域が準州から州へと昇格するのに際し、奴隷制を支持する奴隷州になるか、奴隷制を禁じる自由州になるか、住民の判断に委ねることを定めた法案である。

この法案には大きな問題があった。カンザス―ネブラスカ法案に先立ち取り決められていたミズーリ協定では、ミズーリ州を奴隷州とするかわりに、北緯三六度三〇分以北では、以後、奴隷制を禁止すると約束されていた。つまり、ミズーリ協定に従うと、カンザスとネブラスカの両地域は、いずれも自由州となるはずであった。したがって、カンザス―ネブラスカ法案は、ミズーリ協定を反故《ほご》にするばかりか、奴隷州が拡大する可能性をはらむ、奴隷制反対派にとって決して容認できない法案であった。

新たに州に昇格する地域が、自由州と奴隷州のいずれになるかの選択は、連邦議会における北部と南部の勢力の均衡を崩しかねない、慎重を要する問題であった。ミズーリ協定を守ると、奴隷制反対の州は増える。これを恐れた南部の議員たちは、同地域の州への昇格自体を認めないという強気な姿勢に立った。そこで、この地域の利権と関わりの深かった民主党議員のスティーヴン・ダグラスは、この地域をカンザスとネブラスカの二つに分けて、自由州か奴隷州か、住民の選択に任せる妥協策を提案したのである。

これはあきらかに、ネブラスカを自由州に、カンザスを奴隷州に、それぞれ振り分けることを見越した妥協案で、奴隷制支持の南部に大幅に譲歩した提案であった。奴隷制に反対する北部のひとびとにとって、とても受け入れられない法案であった。

ところが、一八五四年の冬、カンザス＝ネブラスカ法案は、北部のホイッグ党、民主党議員の半数、第三党のフリー・ソイルの反対にもかかわらず、南部議員の全面的な後押しで成立する。同法案の成立は、奴隷制に反対する北部のひとびとに、怒りにも似た失望をもたらした。これが、奴隷制の拡大を阻止できなかったホイッグ党に対する失望、さらにミズーリ協定を反故にした政党政治そのものへの不信にまで発展した。民主党とホイッグ党で競われた第二次政党政治は、ここに崩壊の危機を迎える。

この政党政治への不信の虚を衝いて躍進したのが、奴隷制反対を掲げたノウ・ナッシングであった。ノウ・ナッシングはホイッグ党支持者の受け皿となり、政党政治に嫌気がさしていた民主党支持者たちを取り込み、無党派層にも支持を広げた。ネイティヴィズムを唱えたノウ・ナッシングであったが、反奴隷制を掲げたことで、一躍、一〇〇万人規模の支持者が集う巨大な政治集団に変貌したのである。だが、他者への批判票を積極的な是認票へとすり替えることは、容易なことではなかった。

ノウ・ナッシングの分裂と崩壊

ニューヨークでは、元ホイッグ党の支持者がノウ・ナッシングになだれ込んでいた。他の地域でも、元ホイッグ党支持者のうち、とくに奴隷制反対派がノウ・ナッシング支持に回った。政党不信が広まったこの時期、ノウ・ナッシングが支持したアメリカン党のほかにも、人民党、共和党、フリー・ソイル、連合党、反ネブラスカ党、禁酒党、強硬派民主党、穏健派民主党など、新旧入り混じり政党が乱立していた。このうちフリー・ソイルも議席数を伸ばしたが、その人気はノウ・ナッシングが支持する政党には及ばなかった。

一八五四年の選挙でノウ・ナッシングが大勝すると、ノウ・ナッシングはブームとなり、この人気に便乗する輩《やから》も現れた。ノウ・ナッシング・キャンデー、ノウ・ナッシング茶、ノウ・ナッシング爪楊枝、ノウ・ナッシング煙草、ノウ・ナッシング石鹸などが発売されて、ノウ・ナッシングと名づけられた乗合馬車や帆船まで登場した。

あげくには、「ノウ・サムシング」という名の組織まで登場する。一八五五年一月に勧誘をはじめたノウ・サムシングは、マサチューセッツ州とニューヨーク州で支持を広げ、ピーク時には、二万人ほどの会員を集めた。

一八五四年の夏、ノウ・ナッシングの組織の窓口であるロッジには、入会希望者が殺到した。同年、夏から秋にかけてアイオワ、メイン、カリフォルニア、ペンシルヴェニアの各州で行われた選挙でも、ノウ・ナッシングは好調だった。一一月、ニューヨークとマサチューセッツで大勝を収めると、ノウ・ナッシングの存在感は確かなものとなった。

ノウ・ナッシングの幹部たちは、この勢いをいかに政治に反映させるべきか、策を練っていた。結果として、一八五四年の選挙以後、ノウ・ナッシングは秘密主義を改めて、主義と主張を公に発信し、一般のひとびとを幅広くとり込む方針を固める。ただ、これには重大な問題があった。というのも、急拡大したノウ・ナッシングには、全国の組織を束ねる統一したイデオロギーや主張が定まっていなかったのである。

図8　「ノウ・ナッシング石鹸」の包装紙

たとえば、北部のノウ・ナッシングは反カトリック色が強かったが、南部のノウ・ナッシングは、アメリカ生まれであればカトリック教徒の入会を認めていた。奴隷制をめぐっても、じつのところ南北で意見は割れていた。

一八五五年六月八日、ノウ・ナッシングは各州の代表をフィラデルフィアに集め、全国会議を開く。会議の主題は、組織を盤石にし、主張を一本化する点にあった。だが、このフィラデルフィア会議は、ノウ・ナッシングの地域間の隔たりを浮き彫りにしたばかりか、組織が崩壊するきっかけにもなった。

そもそも、北部でホイッグ党支持者の受け皿となり、奴隷制廃止を掲げて勢力を拡大したノウ・ナッシングだが、なぜ南部にも支持者がいたのであろうか。じつのところ、ノウ・ナッシングの主張は州によって異なり、地域ごとに既成政党への批判票を見込んだ論点が掲げられていたのである。

六月八日、フィラデルフィアに南北の代表が集い、会議が開催された。議題は一四の項目に整理されていた。激論必至の奴隷制をめぐる議題は一二番目に控えていた。序盤、話し合いは順調にすすみ、一三日の午後、いよいよ懸案の奴隷制の議論が開始される。南部と北部、双方とも、この会議で南北間の対立に決着をつけ、ノウ・ナッシングの体制の盤石化を望んでいた。

北部主流派は、共通項としてネイティヴィズムだけを強調し、奴隷制の問題には触れない方がよいと考えていた。北部主流派を代表し、穏健派で知られたマサチューセッツ州知事のヘンリー・ガードナーやオハイオ州選出の国会議員ルイス・キャンベルがこの立場に立っていた。

いっぽう、北部の急進派は、組織の拡大には否定的で、反奴隷制、反カトリック、反アルコールの主張を堅持し、ホイッグ党に代わり民主党に対抗できる組織になることを目指していた。

南部側は、ノウ・ナッシングが全国組織として地盤を固めるためには、自分たち南部の支持が不可欠だと見込んでいた。そのため、いずれは北部が妥協するものと楽観視していた。南部ではこの時代、移民やネイティヴィズムはほとんど話題になっていなかった。ただ、北部と取引する材料としてネイティヴィズムを受け入れるならば、見返りに奴隷制の是認を引き出せるのではないかと目論んでいた。

奴隷制の問題は、正面から議論すれば収拾がつかなくなることは明白であった。そこで、妥協案をいくつか提出し、決を採る方針が確認された。歴史家のタイラー・アンバインダーがまとめるところによれば、有力な妥協案と目されたのは「マジョリティ案」と「マイノリティ案」である。

マジョリティ案は、奴隷州ヴァージニアの代表ウィリアム・バーウェルが提案した。奴隷制については現行の法律にしたがい、これの維持を認め、信条的にも実質的にも、これを最終的な解決とする、という内容であった。この案は、連邦政府は州の決定にしたがうべきで、連邦議会は奴隷制を禁止できない、という考えに立っていた。他方、マイノリティ案は、連邦政府の立場に関わりなく、奴隷制は合意のうえで廃止されるべきと主張していた。

一三日の夜、投票がはじまった。まず、マイノリティ案から決が採られた。北部の代表者がそろって投票すれば、マイノリティ案は採択される可能性があった。だが、北部の保守層が反対に回り、さらに南部が団結して反対したため、マイノリティ案は五二対九一で否決された。他の妥協案もつぎつぎに否決され、最後、残ったマジョリティ案が、七八対六三で採択された。北部の保守派一一人が賛成に回ったことが決定的となった。全国会議で採決されたマジョリティ案であったが、各州のノウ・ナッシングは同案の是非をめぐり対立を深め、結果、ノウ・ナッシングは総崩れとなった。

一八五〇年代のノウ・ナッシングの台頭は、一般に、ネイティヴィズムが一〇〇万人規模で支持を集めた出来事と理解され、反カトリックと反移民感情が表出した事例の一つとされてきた。だが、一〇〇万人という衝撃的な支持者数の内実は、当時の奴隷制をめぐる問題と政党政治への不信とが相乗的に影響し合って生じた、偶発的な産物であった。一八五五年をさかいに、ノウ・ナッシングが一気に崩壊したことをふまえると、この組織のネイティヴィズムの主張が、果たして組織の躍進にどれほど影響したのか、見極めるのは難しい。

第3章　南部白人の窮状とクー・クラックス・クランの誕生

南北戦争と黒人奴隷制

「クー・クラックス・クラン」は、しばしば「KKK」の略称で知られる、白人至上主義を唱える秘密結社である。白い目出しの三角頭巾に、白いローブ姿。夜、森のなかで燃える十字架を囲って集会を開き、ときには黒人を襲撃し、リンチにかけて殺害する。クランのイメージは、おおむねこのようなものであろう。

たしかにクランは極右団体で、アメリカで人種主義を唱え、他者の排斥を訴える団体の代表格に位置づけられる。だが、クランには意外な一面もある。南北戦争後に結成された第一期クランは、白色ではなく緋色のローブを着て活動していた。また、一九二〇年代に隆盛する第二期クランは、黒人との共生を謳い、黒人教会で奉仕活動を行っていた。

第一期クランの会員数は、最大で五五万人。第二期クランは、なんと八〇〇万人との見積もりもある。なぜ、これほどの人がクランに集ったのか。かれらは秘密結社クランでどのような活動を行い、なにを目指していたのであろうか。クランの歴史をひもとくと、単なる人種主義を唱える暴力集団とは異なる姿が見えてくる。

クランについては拙著（『クー・クラックス・クラン』）が詳しいが、排外主義の歴史的文脈を追う本書にとっても重要な現象なので、その盛衰を簡潔に紹介しておきたい。

ノウ・ナッシングによるネイティヴィズムの台頭から数年後、アメリカでは南北戦争が勃発する。一八六〇年の大統領選挙で、南部が支持する民主党候補ジョン・ブレッキンリッジを破り、共和党のエイブラハム・リンカンが大統領の座を射止めると、南部サウスカロライナ州は連邦からの離脱を決議し、これに並びミシシッピ、フロリダ、アラバマ、ジョージア、ルイジアナ、テキサスの南部諸州も、連邦からの離脱に踏み切った。南北戦争がはじまると、「南部連合」にはさらに四州が加わる。

北部は人口二三〇〇万人、そのうち連邦軍は二〇〇万人であったのに対して、南部連合は人口九〇〇万人。連合軍の規模も九〇万人であった。人口、兵力、経済規模、いずれをみても北部の連邦軍が優勢であった。戦争は四年におよび、犠牲者は六二万人にのぼったとされる。

南北戦争は一般に、リンカン大統領の「奴隷解放演説」が知られるとおり、南部の大農園「プランテーション」で酷使されていた黒人奴隷たちの解放をかけて争われた戦争と理解されている。だが、奴隷解放が戦争の大義に掲げられたのは、開戦から二年が経過してのことであった。

もともと、アメリカの北部と南部は、地域内の産業構造の違いから、対外貿易の是非をめぐって対立を深めていた。北東部の産業資本家は、国内産業の保護を主張し、高関税政策を唱えていた。いっぽう南部プランテーションでは綿花の大規模栽培が行われ、南北戦争の直前には、世界の綿花生産量の四分の三をアメリカの南部が占めていた。したがって、南部は綿花などの農産物を積極的に輸出する自由貿易政策を主張していた。

綿花を生産するプランテーションでは、継続して多くの人手を要した。これを黒人奴隷が支えるようになる以前は、労働力の大半は白人の年季奉公人でまかなわれていた。イギリスからやって来た奉公人は、渡航費と債務をプランテーション労働で償還し、契約の期間が満了すると、土地や農具が与えられて自営農民となった。ただ、白人の奉公人は、契約期間中に逃亡したり、処遇に抗議したりする者もいて、雇用主にとって扱いやすい労働者ではなかった。

時代が下ると、南部プランテーションの生産性は向上し、白人の年季奉公人に代わる安価で安定的な労働力が必要となった。結果として、病気に対する免疫があり、農耕技術の知識にも秀でた、屈強な黒人が労働力として見出されていく。

一七世紀、奴隷法はアメリカの南部だけでなく北部のマサチューセッツ、コネチカット、ロードアイランド、ニューヨークの各地でも導入されていた。また当時、アメリカの黒人奴隷制は、北部の商船主たちが営む奴隷貿易に支えられていた。ヨーロッパを起点にしたアフリカ西海岸と新大陸とを結ぶ貿易航路、および、北米ニューイングランドを起点にアフリカ西海岸と西インド諸島を結ぶ三角貿易によって、北部の商船主たちは、アフリカから多数の奴隷を連行した。

独立戦争後も、奴隷制は事実上、憲法によって認められた。合衆国憲法は第一条第二節で、「自由人以外の人」の人数を「自由人」の五分の三にすると規定した。さらに同条第九節では、奴隷貿易を容認する「奴隷貿易規制の禁止」が認められて、アメリカ合衆国は、独立当初から奴隷制と奴隷貿易を憲法で認める国家として誕生した。

もちろん、奴隷制に反対する声はあった。一七七五年には奴隷制反対協会が設立されて、北部の州では奴隷制が禁止される。商工業を中心とする北部では、奴隷制の廃止が産業に与える影響はそれほど大きくはなかった。いっぽう、南部のプランテーションでは、奴隷の労働力が不可欠であった。一八〇八年、奴隷貿易が禁止されると、奴隷の価格は高騰した。南北の産業構造の違い、さらに奴隷制と対外貿易に対する立場の違いも相まって、北部と南部は対立を深め、南北戦争が勃発する。

開戦当初、リンカンは戦争の目的について、すべての人間は自由だという原則に立ちながらも、「私のこの戦争の至上目的は連邦を救うことであって、奴隷制を救うことでも破壊することでもありません。私は、奴隷を一人も解放しなくても連邦を救えるならそうするし、奴隷を解放することによって連邦を救えるならそうするでしょう」と明言していた。

しかし、戦争が長期化し、他国からの干渉が懸念されはじめると、戦争の大義は人道的な奴隷解放へと傾けられる。一八六三年一月、リンカンは奴隷解放のための予備宣言を発表する。南部連合軍はねばり強く戦ったが、一八六五年四月、指揮官ロバート・E・リー将軍は降伏し、足掛け五年におよんだ南北戦争は終結した。

図9　第一期クラン結成の地とされる建物（著者撮影）

戦敗者たちの秘密結社

クー・クラックス・クランは南北戦争後の一八六六年六月頃、アメリカ南部、テネシー州のプラスキという小さな田舎町で結成された。現在の町の人口は八〇〇〇人ほど。クランが結成された当時は、三〇〇〇人程度であった。

クランは、六名の若者たちによって設立された。みな、南北戦争に従軍した元南部連合軍の兵士であった。結成直後のクランについて記録された資料は見つかっていない。当時のことを記憶していた人の証言を総合すると、第一期クランは結成当初、おおむね緋色か白色、あるいは黒色のローブをまとい、グロテスクな風貌の仮面をつけて活動していたようである。

クランの組織の実態が明るみに出るのは、結成から約一年後のことである。この頃にはすでに、クランの支部はテネシー州近隣のミシシッピやアラバマ、テキサスの各州に広がっていた。勢力の拡大にともない、クランは組織の体制づくりを迫られる。これを話し合うために、一八六七年五月、各支部の主要メンバーが集まり、テネシー州ナッシュヴィルで会議がもたれた。協議の結果、クランはピラミッド型の組織体制の導入を決めた。あわせて会合では、クランの代表の座に、元南部連合軍のカリスマ将校ネイサン・ベッドフォード・フォレストを迎えることで一致した。この将校を長としたピラミッド型の組織とは、すなわち南北戦争に敗れた旧南部連合軍そのものであった。

のちにフォレストはクランについて、メンバーは南部全体で五五万人を数え、有事になれば、四万人の男たちを五日以内に、南部の然るべき場所へ派遣することができた、と証言している。五五万人という数字は、元南部連合軍の総兵数九〇万から、戦死者や負傷者を引いた数にも匹敵する。

図10　テネシー州プラスキのクランの衣装

電話やインターネットがない時代、州を越えてクランの会員が急増し、組織が急速に拡大した背景には、旧南部連合軍のネットワークが、なんらかの役割を果たしていたものと推測できる。したがって、第一期クランとは、南北戦争に敗れた南部連合軍が、水面下でふたたび組織的行動をとるために再集結した、非正規の軍事組織であったと理解できる。フォレストの証言に従うと、南部連合軍は秘密結社のヴェールをまといつつ、ふたたびクランのもとで再結成されていたわけである。

図11　メンフィスにあるフォレスト像（著者撮影）

南部白人の窮状と黒人襲撃の意図

一八六七年夏、ナッシュヴィルでの会合を経て、クランは本格的に組織活動を開始する。クランがこの時期、活動を活発化させた理由は、南北戦争後、南部に駐留していた二〇万人ほどの北部連邦軍が、六六年一月には八万八〇〇〇人と半減し、さらに一〇月には二万人にまで減少。一八六七年にはクランが活動しやすい状況が整っていたことが考えられる。

クー・クラックス・クラン、あるいは略称「ＫＫＫ」といえば、白人至上主義を唱え、黒人をリンチする、過激な集団像が一般的である。だが、第一期クランが黒人を標的にした理由は、奴隷制から解放された黒人に対する怨恨を晴らすためではなかった。

そもそも、クランの結成者である六名の若者は、プラスキの町の上流階層に属していたが、プランテーションの経営者ではなかった。したがって、奴隷解放によって、クラン創設者の生業が行き詰まったり、直接、被害に遭ったりしたわけではなかった。

また、クランの結成目的が、白人至上主義の称揚や、人種差別の実践であったという理解も正確ではない。第一期クランは黒人に暴力を振るいはしたが、その意図は単なる嫌悪感情に根差したものではなかった。じつのところ第一期クランの活動の原動力は、なによりもまず、再建期のアメリカ南部における、白人自身の権益の確保にあった。

南北戦争が終結すると、荒廃した南部の再建がはじまる。一八六五年四月一四日、リンカン大統領の暗殺後、大統領職を引き継いだのは、テネシー州出身の民主党議員、アンドリュー・ジョンソンであった。かれは戦いに敗れた南部に対して融和的な政策を施し、旧南部の支配者に特赦を与えた。さらに、黒人の公民権を否定し、黒人取締法を制定して、総じて南部の

図12　マスクを被った第一期クラン

旧体制を復活させる方向へと政策の舵を切った。

共和党の急進派は大統領の迷走ぶりに憤慨し、一八六七年、黒人の公民権を認める憲法修正第一四条を提案し、これを批准させる。つづけて、黒人の参政権を保障する同一五条の提案にとりかかった。これにより、南部では黒人奴隷四〇〇万人が解放された。さらに、南部諸州には、再建法を受け入れる条件として、黒人への投票権の付与が求められた。

一八六七年三月二日、再建法は成立するが、解放された黒人奴隷たちに与えられたのは、文字通り「自由」だけであった。黒人らは土地や財産をもたず、丸裸の状態で放り出されたのである。そこで、解放奴隷を支援したのが「ユニオン・リーグ」であった。

ユニオン・リーグは、リンカン大統領と連邦派の政策を支持する黒人支援を目的とした秘密結社で、ヘンリー・ベローズとステファン・コールウェルによって一八六二年に組織された。南北戦争が終結すると、ユニオン・リーグは共和党の急進派と協同して、南部で黒人の支援と指導にあたった。

ユニオン・リーグは各地に支部をもち、儀式を執り行い、特殊な握手によって仲間を区別した。そして、北部からやってきた白人の共和党支持者「カーペットバッガー」と協力しながら、解放された黒人の支援にあたり、民主党勢力下の南部で、北部寄りの共和党を支援する活動を展開していた。

旧南部連合を支持した白人にとって、ユニオン・リーグは黒人の連帯をうながし、政治にも影響を及ぼしうる看過しえない存在であった。さらに南北戦争後、南部では白人に衝撃がはしっていた。解放された奴隷約四〇〇万人のうち、成人男子に参政権が付与された場合、理屈のうえでは突如として八〇万もの黒人の有権者が南部に誕生することになったからである。

ユニオン・リーグは黒人票を組織し、政治に影響を及ぼす結社として注目されるようになった。一八六八年から七〇年にかけて、南部では共和党政権が成立していくが、黒人の投票が認められる一八七〇年の選挙では、共和党を支持する票の八〇パーセントを、投票率が九〇パーセントを超える黒人票が支えていたとみられている。

さらに、南部諸州の有権者登録を行った人の数に注目すると、白人の窮状が窺《うかが》える。一八六〇年の国勢調査によれば、南部一一州で投票権の条件を満たす成人男子の数は、黒人が八一万六二〇三人、白人は一二八万八三七九人であった。ところが南北戦争後、一二八万人いた白人のうち、実際に有権者として登録が認められた数は七二万七四二四人であった。後述するが、連邦政府への忠誠や旧南部連合の否定などを求める、いわゆる「鉄の宣誓」と一連の再建法に阻まれて、有権者登録ができた白人男性が制限されたからである。結果、旧南部連合一一州の有権者登録者数は、黒人の総数が七七万二八五〇人、白人の総数が七二万七四二四人と、両者が拮抗する事態となっていた。

一八六七年、議会上院で報告された有権者登録をした人の数を州別にみると、黒人の数が、白人のそれを上回る州も出現していた。ミシシッピ河の河口に位置する交通の要衝ニューオーリンズを抱えるルイジアナ州では、白人の数が四万五二一八人であるのに対して、黒人の数は八万四四三六人で、じつに黒人の割合は六五・一パーセントと、過半数を超えていた。大西洋に面したサウスカロライナ州も状況は同じであった。白人の数が四万六八八二人であるのに対して、黒人の数は八万五五〇人で、黒人の割合は六三・二パーセントに達していた。

このように、黒人の割合が白人のそれを上回っていた州は、ルイジアナ、サウスカロライナのほか、アラバマ、フロリダ、ミシシッピと五州にわたり、南部一一州の約半数に達した。さらに、深南部の中心都市アトランタを抱えるジョージア州でも、黒人の有権者登録をした人数は九万五一六八人となり、白人九万六三三三人とほぼ同数で拮抗した。ヴァージニア州でも黒人の比率は四六・八パーセント、テキサス州でも四五・五パーセントと、いずれも白人に迫っていた。南部一一州全体の比率をみると、黒人五一・五パーセントに対し、白人は四八・五パーセントで、黒人が白人のそれを上回る事態が生じていた。

黒人の政界進出も実現した。サウスカロライナ州では、ジョナサン・J・ライトが六年間、州の最高裁判所で陪審判事を務めた。ルイジアナではウィリアム・G・ブラウンが教育長の職に就き、フロリダではジョナサン・C・ギブズが州長官を四年間務め、公立教育局長の役職も二年間務めた。

さらに、二〇人ほどの黒人が州政府の上級職に就き、検察官、保安官、市長などの要職に就く黒人もいた。連邦議会にも黒人議員が選出された。南部八州で二二人の黒人議員が選出され、ワシントンに送り出された。そのうち上院の二人はミシシッピ州選出であった。下院二〇人の内訳は、サウスカロライナ八人、ノースカロライナ四人、アラバマ三人、フロリダ、ジョージア、ルイジアナ、ミシシッピ、ヴァージニアの各州からそれぞれ一人であった。

南部白人のなかには共和党を支持する者もいた。かれらは「スキャラワグ」と呼ばれ、その多くは、南北戦争以前、連邦離脱に反対した、いわゆる「ユニオニスト」(連邦主義者)であった。かれらはユニオン・リーグと協力しながら、北部共和党の支持基盤を固め、黒人に読み書きを教える学校も開設した。

南部州政府の要職は、共和党支持派によって占められた。北部からやって来たカーペットバッガーは南部の官職の三〇パーセントを席捲し、知事や連邦議会議員など、より高位のポストでも幅を利かせた。

この状況を前にして、戦いに敗れた南部白人たちの心境は穏やかではなかった。かれらは、南部再建という大義は致し方ないとしても、南北戦争中に自分たち南部連合を裏切ったユニオニストら南部共和党支持者や、北部から乗り込んで来たカーペットバッガーら北部共和党員が、南部の政界で覇権を拡大している状況には我慢ならなかった。

さらに、さきでも触れた、旧南部連合軍の兵士たちに強要された「鉄の宣誓」がかれらを追い詰めた。これは、選挙の投票に際し、「連邦に対して武器はとらず、決して南部連合を支持しない」との誓いを強制する、南部連合軍の元兵士たちの自尊心と信条を踏みにじるものであった。名誉と誇りを重んじる南部白人にとって、「鉄の宣誓」は受け入れ難い屈辱であった。だが、これを拒めば南部の政界は「敵」の手中に収まってしまう。かれらの苛立ちは募るばかりであった。

図13　カーペットバッガーをリンチするクラン

テネシー州モーリー郡に住む二六歳の塗装屋、ミルトン・レフィックは、こう証言している。「南部連合の元軍人と反乱軍たちは、なにがなんでも投票してやると息巻いていました。法律を無視してでも投票してやると言っていました」。南部白人の苛立ちと怒りは、もはや限界に達していた。

「鉄の宣誓」にくわえて、南北戦争時、南部連合軍に参加していた兵士たちには、一連の再建法によって、公職からの追放などの制裁が下された。したがって、かれらには、解放された元黒人奴隷よりも、公的権利ではより厳しい制限が課されていた。南北戦争で敗れ、窮地に追い込まれた南部白人たちの視点に立つと、第一期クランの活動は、旧南軍兵士らによる暴力に頼った権利回復運動としての様相が浮かび上がる。

一八六六年五月、追い詰められた人々の暴発がはじまる。テネシー州メンフィスで、白人の暴徒が、自由黒人四六人と白人の共和党支持者二人を虐殺するという事件が発生する。黒人の負傷者は八〇名にのぼり、九〇軒の黒人の家が焼き討ちにあい、襲撃で黒人の学校や教会が焼かれた。だが、白人警官が事件を黙認したため、逮捕者は出なかった。

二カ月後、ニューオーリンズでも暴動が発生する。この事件では三四人の自由黒人が虐殺され、二〇〇人以上の黒人が負傷した。暴動で虐殺を煽動したのは、なんと白人警官たちであった。

クランが結成されたテネシー州ジャイルズ郡でも、白人と黒人のあいだで緊張が高まっていた。同地は南部でも有数の奴隷所有地域であった。黒人は人口の半数を占めていたが、そのかれらが奴隷状態から解放されたことで、白人はとくに神経質になっていた。メンフィスでの暴動が引き金となり、テネシー州でも殺人、襲撃、暴行やレイプ事件が相次いだ。南部全体で、黒人に対するリンチや殺人、侮辱が横行していた。

クランはこのような無秩序化した戦後の南部で結成され、南部の各地で高まっていた黒人や共和党の白人に対する不満を集約し、効果的かつ戦略的に襲撃をくわえる組織となった。したがって、クランが誕生したことで、散発していた南部白人の暴力が一時的に組織化されたとみる研究者もいる。

クランが黒人にリンチをくわえた理由は、人種差別の実践にあったというよりも、黒人らの政治活動を阻止する点にあった。もちろん、自分たち白人と同じように黒人が選挙権をもったことに対する反発もあったであろう。しかし、なによりもクランが許し難かったのは、追い詰められた南部白人の窮状についてであった。共和党と黒人とが手を組み、裏切り者のユニオニストとともに、南部諸州の議会選挙でつぎつぎと勝利を収め、南部政界で覇権を拡大していく状況に対して、南部白人はなんら対抗する合法的な術《すべ》をもたず、ただ傍観するよりほかなかったのである。

暴力の激化から解散へ

クランの暴力活動は過激化の一途をたどり、事態はついに連邦軍が派遣されるまでに悪化する。ユリシーズ・グラント大統領はヴァージニア州やアーカンソー州に連邦軍を派遣し、同地のクラン放逐を指示した。アーカンソー州にはフロリダ州のクランも援軍として駆けつけ、連邦軍と州軍、クランが入り乱れ、事態はさながら南北戦争が再現されたかのようであった。クランは完全に連邦政府の敵となり、もはや組織の統制と維持は困難となっていた。一八六九年一月、代表を務めていたネイサン・フォレストはクランの解散を宣言する。

こうして、第一期クランの組織的な活動は終結するが、もはやクランに解散を実行に移せるほどの統率力は残っていなかった。各地のクランの支部は独自の方針をとって行動を継続し、活動をエスカレートさせた。古今東西の過激派集団と同様、かれらは「勝利」を過激な暴力の実践と取り違えていた。さらに、クランを模倣した「シャム団」と呼ばれるならず者集団や黒人による模倣犯も出現し、事態は混乱を極めた。

連邦政府と州議会は、過激な暴力活動の終息を目指し、いわゆる一連の「クラン対策法」を可決する。一八七〇年五月には、アメリカ国民がもつ投票権、および市民権を剝奪しようと企てる者への厳罰が法律で定められた。一八七一年二月、選挙の実施にあたり、連邦政府の専門職員を配置することが決定された。同年四月には、クランはテロリスト集団に認定され、大統領には問題が発生している地域に戒厳令を敷く権限が与えられた。一連のクラン対策法で、各地のクランは解散に追い込まれた。また、一八七〇年、南部諸州の連邦復帰が完了したこともあり、クランの抵抗は終息する。ルイジアナ州のクランは、一八六九年の夏までに活動を停止した。アラバマ州とジョージア州のクランも、一八六九年から七〇年にかけて解散を宣言した。サウスカロライナ州は、クランが最後まで抵抗した牙城であった。とくにヨーク郡は白人男性の三分の二がクランのメンバーであったといわれている。そのかれらも、遅くとも一八七三年には活動を停止した。こうして、第一期クランの活動は、一八七三年までに終息する。

南北戦争を経て、南北間にあった経済対立の構図は、南部地域内における人種間の対立へとすり替わり、歴史的、政治的、経済的な課題が、黒人という人種に根差した問題、本質主義に帰する問題として組み替えられていった。第一期クランの活動は、このすり替えを手伝い、黒人を「敵」とみなして排斥する構図を南部全土に広めていった。結果、「KKK＝黒人差別集団」という理解は、二一世紀の現在にいたるまで世界中に広まっている。

しかしながら、その結成の背景をひもとくと、追い詰められた南部白人の窮状という、複雑な事情が浮かびあがる。クランの歴史は、差別という結果を生む、その根本原因に目を向けることの重要性を物語っている。

第4章　転換期アメリカ社会と禁酒法

都市化と産業化

アメリカは一九二〇年から三三年までの一三年間、アルコール飲料の製造、販売、運搬を禁じる禁酒法を導入していた。自由の国アメリカで、なぜこのような狂気じみた法律が、国を挙げて施行されたのであろうか。この法律が成立するまでの経緯に迫ることは、アメリカが社会から「悪」を排除しようとして熱狂する、メカニズムの一例を知る手がかりになるはずである。まずは禁酒法が成立する背景を押さえるために、南北戦争から二〇世紀初頭まで、アメリカに生じた社会的変化を追ってみよう。

一九世紀後半から二〇世紀初頭にかけて、アメリカは産業化と都市化という大きな変化を経験した。南北戦争後の一八六九年から一九〇三年まで、経済成長率は平均して年七、八パーセントを記録し、この間、国民総生産は五倍以上に増加した。一九〇〇年には工業生産額が一一〇億ドルに達し、アメリカは世界第一の工業国に躍り出た。

一九世紀なかば、アメリカでは一般会社設立法が州ごとに制定されて、会社を自由に設立できるようになる。負債等の返済義務が法律によって制限されたため、株式会社は乱立した。一八七三年、八四年、九三年と、一〇年ごとに生じた経済不況で、弱小企業の吸収・淘汰が促され、やがて従業員数一六万八〇〇〇人に成長するUSスチールの前身、カーネギー鉄鋼会社や、合衆国の石油精製の九〇パーセントを支配するスタンダード石油会社など、巨大企業が出現するにいたる。産業トラストと呼ばれた大企業は、一九〇四年に三一七社を数えた。

都市化も進展した。たとえば、一九〇〇年、ニューヨークの人口は三四〇万人を超えて、シカゴも一〇〇万人を超えていた。六〇年前の一八四〇年には、ニューヨークの人口は三〇万人、シカゴは五〇〇〇人にも満たなかった。二〇世紀初頭、アメリカ国民の二割が、人口一〇万人以上の都市に住み、そのうちの半数が人口一〇〇万人以上の大都市に暮らした。一九二〇年の国勢調査によると、当時、国民の半数が都市に暮らしていたことになる。

産業化と都市化は、西部開拓によって下支えされた。南北戦争後、アメリカ西部の開拓がすすみ、一八九〇年にはフロンティアの消滅が宣言される。これを後押ししたのが、一八六二年に制定された自営農地法（ホームステッド法）で、二一歳以上の市民が五年間にわたって農地整備を行うと、東京ドーム一四個分に相当する公有地一六〇エーカー（六五万平方メートル）が無償で支給された。西部で生産された穀物や肉牛は、大陸内部に延びた鉄道網によって都市部へと運ばれた。

都市の暮らしは、技術革新によってさま変わりした。街には路面電車や高架鉄道が走り、白熱灯が街頭を照らし、電話線が張り巡らされた。鉄道によって都市は水平的に拡大したが、鋼材と耐久ガラス板の生産が超高層ビルの建築を可能にし、エレベーターが導入されたこともあり、都市は垂直方向にも発展した。シカゴやニューヨークには「摩天楼」と呼ばれた超高層建築物が出現し、一九三〇年には尖塔の高さが三一九メートルのクライスラー・ビルディングが、その翌年には四四三メートルのエンパイア・ステート・ビルディングが、それぞれ登場した。

富める者を象徴する摩天楼が高くそびえ立つ陰で、都市には貧困者が身を寄せるスラムが出現した。住民の多くは、南部からやってきた黒人や西部からやってきた農民、それに一九世紀後半に海を越えてアメリカに渡ってきた「新移民」と呼ばれる南欧・東欧からの移民たちであった。

「新移民」の急増

一九世紀、アメリカに押し寄せた移民の波は、三期に区分される。

第一期は一七八三年から一八三〇年にかけて、イギリス系、ドイツ系、アイルランド系を主とした移民の波で、毎年一万人程度の移住者があった。ヨーロッパにおける死亡率の低下と平均寿命の伸びが、移民を押し出す「プッシュ要因」として働いたとされる。

第二期は、一八三〇年から八二年にかけて、イギリス、アイルランド、ドイツ、スカンジナビア諸国からの移民の波があった。アメリカの西部開拓の進展や、産業化による労働需要の高まりが、移民を引きつける「プル要因」として働いたとされる。非熟練労働者でも従事できる職が拡大したことや、奴隷貿易の禁止によって、新たな船荷をもとめる船会社が移民のための客船を建造したことも移住を後押しする要因となった。

一八八二年以後、第三期の波がおとずれる。従来のイギリス、ドイツ、スカンジナビア諸国からの「旧移民」に替わり、イタリア、ポーランド、ギリシア、ロシアからの移住者と、ユダヤ人を含む、「新移民」と呼ばれる人たちが大量に渡来した。その結果、新旧の移民の人口比率は世紀転換期頃に入れ替わる。一八八二年に「旧移民」八七パーセント、「新移民」一三パーセントであったのに対し、一九〇七年には「旧移民」一三パーセント、「新移民」八七パーセントとなった。

移民の総数も激増した。一九〇五年には一年間で一〇二万人、一九〇七年には一二八万人がアメリカへとやってきた。一八七〇年から一九〇〇年までにアメリカの人口は三六〇〇万人増加したが、このうち移民は一二〇〇万人を占めた。

ただ、すべての移民がアメリカに定住したわけではなかった。移民の約三割は帰国したといわれている。なかでも帰国率が高かったのは南イタリアからの移民で、その割合は約半数に達した。さきの一二〇〇万人の移民のうち、三〇〇万～四〇〇万人が帰国したとの

図14　エリス島の移民局

図15　移民局の内部

見積もりもある。

大西洋を渡ってきた移民の多くが、ニューヨークのマンハッタン島の沖にあったエリス島の移民局を経てアメリカに入国した。もともとマンハッタン島の南端にあった移民局が、エリス島に移されたのは一八九二年のことである。エリス島の移民局が閉鎖される一九五四年までに、この島を経てアメリカに入国した移民は一二〇〇万人を数えた。

エリス島には、毎日五〇〇〇人の移民がやってきた。年間一二八万人の移民を受け入れた一九〇七年には、二二〇〇人乗りの客船が一日に一五隻も到着する日もあった。移民希望者は、エリス島で名前、年齢、性別、結婚の有無、職業、国籍、目的地、所持金、アメリカ在住の親類の有無、犯罪歴など二九の質問に答えた。審査が終わると、移民たちは荷物を受け取り、フェリーでマンハッタン島か西岸のニュージャージー州へと渡った。

ポーランド人はペンシルヴェニアの製鋼所、ドイツ人はシカゴ、ニューヨーク、ボストンの建設現場、アイルランド人、イギリス人はニューイングランドの繊維産業と、移民たちの行き先は出身国によってさまざまであった。多くはおもに、北東部の都市で非熟練労働者が従事できる職に就いた。

都市のスラムと劣悪な労働環境

都市にやってきた「新移民」たちは、テネメント・ハウスやボーディング・ハウスと呼ばれた安アパートで、身を寄せ合って暮らした。一軒のテネメント・ハウスに大人一〇一人、子供九一人が住んだという記録もあるほど、内部は寿司詰め状態であった。

住環境も劣悪であった。共用の階段には汚水がしたたり落ち、配管からは発火性の有毒ガスが漏れ、共同の便所や洗い場は汚物まみれであった。なかでも地下室での暮らしは最悪だった。男女、子供、山羊や豚が、みな一緒にゴミだらけの床で寝起きした。部屋を掃除したところで、雨が降るとすぐに表通りからゴミが流れ込み、徒労に終わった。

ところが、これほど劣悪な環境でありながら、テネメント・ハウスの家賃は決して安くはなかった。むしろ、物件によっては郊外の洒落たアパートの家賃の方が、二五〜三五パーセントも安かった。しかし、日給一ドル未満で暮らすスラムに身を落とした人たちにとって、都市と郊外を結ぶ路線電車の運賃、一日五セントは気軽に払える額ではなかった。みな、硫黄やアンモニア、ヘドロや家畜の臓物の匂いが充満するスラムで耐え忍びながら暮らした。

たとえテネメント・ハウスであっても、住む家がある人は良い方だった。路上暮らしを余儀なくされる子供たちも相当数にのぼった。一八八〇年、ニューヨーク市内だけでも一〇万人の子供たちが路上で暮らしていた。犯罪者や売春婦が、かれら、彼女らの成れの果てであった。

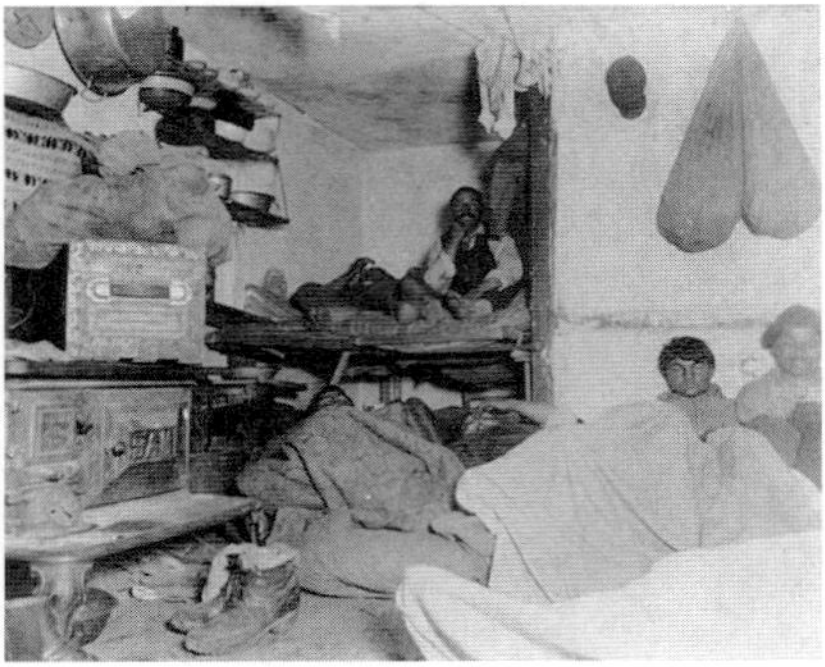
図16　テネメント・ハウスの部屋

さいわい仕事に就けたとしても、過酷な労働が待っていた。製鉄工場では、一日一二時間、摂氏四七度のなかで働いて、日給一ドル二五セント。一般の工場でも、一二時間働いて七五セントが相場であった。一八八二年の調査によれば、卵が一ダース一五セント、ベーコンは五〇〇グラムで一〇セント、鶏肉は一〇〜一五セントという時代、自由に使えるお金は、家族で一日一ドルがやっとであった。

図17　ジョージア州の紡績工場で働く少年たち

労働災害も頻発した。工場での爆発事故や火災、鉱山の落盤事故で、一九一三年には二万五〇〇〇人が死亡し、負傷者数は一〇〇万人に迫った。なかでも鉄道業界は酷かった。一九世紀なかば、列車や貨物列車は、屋根の上を飛び移りながら一両ごとにブレーキをかけていかなければならなかった。エアブレーキが開発されて以後も、一八九〇年の報告では従事者三〇六人につき一人が命を落とし、三〇人に一人が負傷した。一九〇〇年でも、二六七五人が死亡、負傷者の数は四万一一四二人にのぼった。

革新主義の波

農業を国家の主産業とする農本社会から産業社

会へ、アメリカの社会構造の主軸が転じるあいだ、社会にはさまざまなひずみが生じた。企業活動はハーバート・スペンサーが広めた社会進化論によって肯定されたが、都市のスラムや劣悪な労働環境の実情は、アメリカ社会が抱える問題としてクローズアップされ、改善されるべき課題として認識されるようになる。

一八七九年に出版されたヘンリー・ジョージの『進歩と貧困』は、努力によってえられたわけではない不当な利潤への課税を訴えて支持を集め、一〇〇版を重ねた。エドワード・ベラミーは、『顧みれば――二〇〇〇年から一八八七年』（一八八八）で未来の理想社会を描き、極端な貧富の格差は崩壊をもたらすと警鐘を鳴らし、社会主義に類する国家を想像した。ジェイコブ・リースの『豊かさの向こう』（一八九〇）は、ニューヨークの劣悪なスラム街の実態を、ストロボを用いて撮影した写真と記事で紹介した。

とくに社会改革の世論を盛り上げたのは、「マックレイカー」と呼ばれたジャーナリストたちであった。一九〇三年頃から一〇年間ほど、政治や経済、労働、人種などあらゆる分野に踏み入って、悪や弊害を暴露し、改革の必要を訴えた。とくに、シカゴの精肉産業の不潔な実態を暴いたアプトン・シンクレアの『ジャングル』（一九〇六）は、世間のみならず、ときの大統領にも衝撃を与え、結果、食肉検査法の可決を後押しした。

ちょうど輪転機印刷や自動植字機の登場によって、低価格の大衆雑誌が人気を博していた時代、強い道徳的義憤に駆られたマックレイカーたちのセンセーショナルな訴えは、改革の世論を盛り上げた。

だが、かれらの活動が、社会改革の大きな成果に結びつくことはなかった。マックレイカーは改革の必要性こそ訴えたものの、具体的な改革の内容は提示しなかったからである。また、読者もたび重なるセンセーショナリズムに飽きはじめ、さらに銀行や企業からの融資が難しくなったこともあり、一九一二年頃にはマックレイカー時代の幕は下りる。

都市にやってきた貧しい移民たちを救ったのが、第二章でも触れたマシーンと呼ばれる政党下部組織による活動であった。マシーンは困窮した移民に施しを行い、住居を提供したり、職を斡旋したりと、世話を焼いた。その見返りとして、選挙ではボスと呼ばれる地域の親玉など、指定した候補に投票するよう求めた。たとえば、ニューヨークのアルフレッド・スミスは、困窮者に手を差し伸べ、行政よりもきめ細かい福祉を提供しながら、いっぽうでは市政を牛耳り、私腹を肥やした。

市政改革として、マシーンとボスによる政治を批判する動きもでてくる。これらの打倒を掲げた人物としては、一八八九年、デトロイト市長に当選した実業家ヘイゼン・ピングリーがいる。腐敗した民主党政権の打倒を掲げ、デトロイト市長に当選して、市街鉄道料金の値下げ、税負担の公平化、失業対策事業などを進めた。このような市政改革の波は、クリーヴランド、トレド、ジャージーシティの各市にも波及した。やがてそれは州政改革へと発展し、ニュージャージーやマサチューセッツ、ミシシッピやジョージアの各州にも広がっていく。

社会改革も実行された。シカゴでは一八八九年、ジェーン・アダムズが社会事業施設「ハル・ハウス」を設立した。移民の子供に教育を行い、ホームレスのための住居提供や、貧困者のための慈善活動など、さまざまな社会活動を行った。キリスト教の福音の立場から社会問題に取り組むソーシャル・ゴスペル運動も盛り上がった。個人の魂の救済だけでなく、社会問題にも関心を広げ、労働条件の改善や児童労働の廃止を訴えて、大きな勢力となった。

労働環境の改善を訴えたのは、労働組合であった。一九世紀後半の労働運動で特筆されるのは、「労働騎士団」の躍進である。この組織はもともと、フィラデルフィアの衣服裁断工が一八六〇年に結成した秘密結社であった。やがてその門戸は広く労働者に開かれ、一八七九年、カトリック教徒の機械工テレンス・パウダリーが会長に就任すると、組合員数は激増した。一八八六年には会員が七三万人にまで膨れ上がった。

だが一八八六年五月四日、シカゴで発生したヘイマーケット事件をきっかけに、組織は衰退する。これは、ヘイマーケット広場で開かれていた組合の集会で、警官隊のそばで爆弾が爆発し、警官七名が死亡、六七名が負傷した事件であった。集会に紛れ込んだ無政府主義者の仕業と目されたが、この事件の結果、中産階級の会員のあいだに急進的な活動に対する恐怖心が広がり、組織内の意見対立も手伝って、労働騎士団は衰退した。

かわって台頭したのが、「アメリカ労働総同盟」であった。全国の職能別組合の連合組織で、一四万人の会員を擁し、一九〇一年には会員数一〇〇万人、一九〇四年には二〇〇万人の組織に成長した。アメリカ労働総同盟が成長した理由は、この組織が現実的な要求を掲げた点にある。

一九二四年まで会長をつとめたサミュエル・ゴンパースは、まだ労働運動はアメリカで正当性がえられていないという実情を理解していた。また、世論は社会主義に否定的であることも熟知していた。このような事情から、アメリカ労働総同盟は自らを社会主義と切り離し、資本主義と独占的な企業結合（トラスト）も肯定した。そして、労働騎士団とは異なり、賃金労働の是非は問わず、労働者の団結などの理想主義的な目標も掲げず、高い賃金、労働時間の短縮、団体交渉権など、具体的な目的のために活動した。最盛期、一九一七年には二五〇万もの会員数を誇った。

禁酒運動と禁酒法の成立

禁酒を唱える声は、これら改革の波がアメリカ社会に広がった時代、盛り上がりをみた。ただ、この時代の禁酒運動には、他の社会改革運動とは異なる要素があった。まず、飲酒するのはカトリック教徒という宗教的な背景があった。また、「新移民」がカトリック教徒の比率を高めていたため、飲酒は移民問題とも結びつけられた。さらに、「新移民」の多くは都市に暮らしており、飲酒は都市問題の一部でもあった。

もともと禁酒運動は、ピューリタンのあいだで植民地時代から行われていた。ただ、当時の禁酒は、村や町の長老による監視や、酒場の主人による個人的な制限など、コミュニティが独自に行っていたもので、地域を越えた組織的な活動には発展しなかった。

組織立った禁酒が盛り上がりをみるのは、アメリカが独立を果たしてからのことである。一八三四年、メイン州では、「メイン禁酒協会」が組織されて、アルコール度数の高い酒を禁じる声が高まった。三年後には全面禁酒を訴える「メイン禁酒同盟」が結成される。禁酒の声はメイン州全土へと広がり、一八五一年には、アルコール飲料の製造と販売を禁止する「一八五一年メイン法」が成立する。

一九世紀後半になると、女性が禁酒運動の先頭に立つようになる。というのも、もともと禁酒運動は労働者が担っていたが、移民が流入して労働者の質が変わったことで、倹約や勤勉と並ぶ美徳とされた禁酒についての考えに変化が生じたこと、また中産階級の女性たちが自由に使える余暇をもつようになったこと、などの理由があった。

一八七四年、オハイオ州クリーヴランドで「女性キリスト教禁酒同盟」が誕生する。設立集会には一六の州から一三五人の女性たちが参加し、全国規模の禁酒組織となった。二代目の会長に就任したフランシス・ウィラードは、積極的に他の組織との共闘を模索した。「全国禁酒党」や労働騎士団との協同を探り、さらに農村地域で支持を広げるために、人民党にも接近した。ウィラードが目指した、女性キリスト教禁酒同盟を機軸とした、全国禁酒党、労働騎士団、人民党との大連合の計画は失敗したが、それでも、女性キリスト教禁酒同盟の会員数は増えつづけ、一八九二年には一五万人、二〇世紀初頭には五〇万人に達した。

禁酒運動を主導した女性のなかでも、キャリー・ネイションは特筆すべき人物であった。彼女は手斧を携えて単身、酒場に殴り込みをかけ、酒瓶や装飾品などを手当たりしだいに破壊する、過激な直接行動で禁酒を訴えた。

ことの発端は、一九〇〇年六月六日未明、ネイションがカンザス州の自宅で、神のお告げを耳にしたことだった。彼女は神託に従い、単身、酒場に乗り込んで打ち壊しをはじめ

図18　斧を手にしたキャリー・ネイション

たが、しだいに仲間が増えて、やがて四、五人の同志と酒場を襲撃するようになる。酒場の扉を手斧で破壊し、三〇〇ドルの値がつくクレオパトラの入浴場面を描いた絵画に石をぶつけ、一〇〇ドルの値打ちがある大きな鏡も石で木っ端微塵にした。一九〇一年のある新聞は、「この町のホテルの主人はみな、女性がちかづいてくるのを監視する見張り人を雇っている」と伝えている。

当然のこと、ネイションは逮捕されたが、釈放されるとまた打ち壊しを行い、いつしか講演会を催すまでの人気者となった。講演会場では、手土産用の小さな手斧が飛ぶように売れたそうである。

その後、禁酒運動は全国的な盛り上がりをみせ、各州で禁酒法が導入されるにいたる。もともと禁酒法は、一八五一年のメイン州での制定を皮切りに、一九〇〇年までに、カンザス、ノースダコタ、ニューハンプシャー、ヴァーモントの各州で導入されていた。そして、一九〇七年にはジョージア州とオクラホマ準州で、一九〇八年にはミシシッピ州とノースカロライナ州で、一九〇九年にはテキサス州とアラバマ州で、さらに一九一二年にはウェストヴァージニア州で、それぞれ州法として禁酒法が成立した。

禁酒の波は引くことなく、さらに大きなうねりとなって、合衆国の各地に波及していく。一九一四年に五州、一五年にも五州、一六年には四州、一七年にも四州とワシントンDC、一八年には五州とアラスカ準州で、あらたに禁酒法が成立し、一九年に成立したケンタッキー州を含めると、合計三四の州と準州、およびワシントンDCで禁酒法が施行された。

禁酒法は、アメリカの南部と西部のほとんどの州で導入されて、あとは大都市を抱えるニューヨーク州、ボストンがあるマサチューセッツ州、フィラデルフィアがあるペンシルヴェニア州、シカゴがあるイリノイ州、セントルイスがあるミズーリ州、ニューオーリンズがあるルイジアナ州、サンフランシスコやロサンゼルスがあるカリフォルニア州など、都市部を残すのみとなった。

州レベルで制定されていた禁酒法であるが、一九一四年からはじまる第一次世界大戦を契機に、ついに連邦政府が導入を検討しはじめる。一九一七年四月、アメリカはドイツに宣戦布告し、戦時状態に突入した。敵国ドイツからやって来ていた移民には、醸造業に従事する者もいたため、禁酒感情が高まったという見方もある。ただ、連邦政府が禁酒を検討したのは、まず軍隊内での綱紀粛正のためであった。一九一四年から段階的に、米軍内での飲酒や酒類の販売が禁じられた。

一九二〇年一月一六日、禁酒を定める憲法修正第一八条が発効し、アメリカでアルコールの製造と販売が禁止される。これにより、禁酒派が求める、酒が存在しない理想郷「ドライ・ユートピア」が実現するはずであった。しかし現実には、「密造酒」や「もぐり酒場」がはびこり、禁酒法の効果は疑わしかった。

やがて産業資本家は、禁酒法を革新主義の時代の遺物とみなし、改革の時代は過ぎ去ったと考えて、禁酒法に不満を抱きはじめる。また一九二九年、大恐慌に陥ると、雇用の機会として酒類の製造再開を求める声が高まる。禁酒法の撤廃を訴えたローズヴェルトが大統領に当選すると、一九三三年、禁酒法は廃止された。

「悪」の排除と「秩序」の回復

禁酒法成立の背景には、アメリカ社会の構造的変化があった。農本社会から産業社会への転換期にあって、都市問題や労働問題などが生じたアメリカでは、社会改革の機運が高まり、革新主義の時代が訪れる。女性キリスト教禁酒同盟の会長、フランシス・ウィラードのように、禁酒を改革の流れに位置づける試みもあった。

『アメリカ禁酒運動の軌跡』の著者、岡本勝氏は、アメリカで禁酒運動が盛り上がった理由を二つに大別する。ひとつには、禁酒運動を革新主義の一部と捉える見方があるとする。この立場に立つ研究者ジェームズ・ティンバーレイクは、禁酒を「自助と経済的成功」を約束する生活習慣だと考えて、とくに中流階級がこれを支持したとみる。同じくノーマン・クラークも、禁酒法は法律を通じて禁酒という価値観を国民に強いる点で、社会秩序の確立を目指した革新主義に沿う改革との理解を示す。岡本氏も禁酒を革新主義の流れのなかで捉える立場に立つ一人である。

他方、岡本氏は禁酒運動の力点を別の側面から捉える研究も紹介する。『改革の時代』の著者リチャード・ホーフスタッターは、禁酒法成立の背景に、「旧移民」が多く暮らす農村部と、「新移民」が流入する都市部との対立を読み解く。そして、禁酒法制定の過程を世紀転換期のアメリカ社会で、相対的に支配力を失いつつあった農村部の、都市部に対する反撃の物語と解釈した。すなわち禁酒法は、都市部に対抗するために農村地域で盛り上がりをみた、内実をともなわない「擬似改革」であった、というわけである。

ホーフスタッターの解釈に倣う『禁酒法――ゆき過ぎの時代』の著者アンドリュー・シンクレアも、都市化や産業化の波に乗れなかった農村部の人たちの不満が、禁酒法という形で発露したものと考える。また、社会学者のジョセフ・ガスフィールドは、禁酒法成立の過程を農村部と都市部の対立とみるよりも、異なる社会集団のあいだに生じた確執として捉え直す。その結果、力点はその内実にではなく、集団間の対立において相手を制する点にあり、禁酒運動はあくまでも社会集団間の対立を象徴する運動だと論じた。

　筆者は、アメリカが「悪」だとみなすものを、社会から実際に排除した点に注目する。禁酒法によって排除された酒は、いわば象徴的な「悪」であった。農本主義から産業社会へといたる転換期に、都市化、産業化が進展し、移民が押し寄せ、アメリカ社会はさまざまな問題を抱えていた。革新主義の運動は、それらの問題の解決を目指したが、そのなかで禁酒法の制定とは、「悪」を排除することで社会の秩序を回復しようとする試みであったと理解できる。いわば、秩序回復を建前に、酒がスケープゴートにされたわけである。

　特筆すべきは、これが憲法を修正するかたちで実現された点にある。アメリカは、社会が抱える「悪」に対して、連邦議会や大統領までもが足並みを揃え、排除に乗り出した。今後、ふたたびアメリカ社会に転機が訪れると、なにが「悪」として選ばれるのだろうか。社会の内部から「悪」を排除するという実例をアメリカ史に残した、禁酒法制定の経緯が教示するものは小さくない。

第5章

人種主義、排外主義と移民制限法

進化論と「適者生存」

一八五九年、チャールズ・ダーウィンは『種の起源』を発表する。だが、進化論はこれ以前から、動物学者ラマルクや地質学者チャールズ・ライエルらが議論していた。したがって、ダーウィンが『種の起源』で説いた進化論の革新性は、生物進化の科学的説明を論理的に完結させた点に定められるだろう。

ダーウィンは、進化の仮説を、(1)変異の前提：器官や行動様態の多様性が同種内に存在すること、(2)自然選択：環境の許容数を超過する生物の個体数が存在し、環境による選択が生じること、(3)遺伝：変異した多様性が世代間において継承されること、以上の三つの段階に整理して、すでに指摘されていた(1)と(3)のあいだに、(2)の説明をくわえることで、生物進化の説明体系を理論的に完結させたのである。

進化論には、キリスト教の根幹を揺るがしかねない革新性があった。その革新性とは、形而上学（メタフィジックス）に頼らない、観察可能な造形原理（フィジックス）にもとづいた自然観が提示された点にある。すなわち、善や悪、道徳や倫理などあらゆる観念が、物質的基盤から排除された、キリスト教の説明体系に拠らない世界観が示されたわけである。

したがって、進化論が社会に与えた衝撃は、たんに「ヒトの祖先はサル」などの冒瀆《ぼうとく》的とされる言説への反発にとどまらない、根源的な問題をはらんでいたわけである。ただ、進化論が同時代のアメリカ社会にもたらしたもっとも重要な影響は、善悪の価値観を刷新した点にあると、筆者はみている。

さきにも述べたが、進化論が提示した科学的な説明体系においては、道徳、倫理、善悪の価値判断はその根拠を失う。デーヴィッド・ヒュームが述べるように、自然に命題は見出しえない。「〜である」という言説から、「〜であるべし」という命題は導きえないのである。

結果として、進化論の登場により、一九世紀後半のアメリカ社会には倫理や道徳の空白期が生じたことになる。もちろん、これはあくまでも比喩的表現であり、現実にはキリスト教の価値体系が継続していたわけであるが、ただ、こう考えると、スペンサーが説いた社会進化論が、なぜアメリカ社会において広く受容されたのか理解できるだろう。

スペンサーの社会進化論の核心は、進化に善悪の概念を付与した点にある。すなわち、これまでの形而上学的な価値体系による善と悪の裁定を退け、自然的実在の世界に、社会的な「進歩」＝「善」という価値を導き出そうとした。誤解されることも多いが、ダーウィンが説く「進化」は、いわば「変化」に等しく、その「進化」に優劣はつけられていない。「進歩」＝「善」という構図は、スペンサーら社会進化論者によって広められたものであった。

こうしてスペンサーは、ダーウィンの自然の進化論を社会に援用し、「進化」を倫理的な人間の行為と結びつけた。そして、「目的―行為―結果」のプロセスにおいて、「より善い行為」を「より進化した行為」と定めた。これは、行為の三つの目的、すなわち、(1)生：人生の質を向上させる行為、(2)子孫：育児や教育、(3)社会：他者の生を助ける行為、以上の到達の度合いによって測られるものとした。

ただ、スペンサーの初期の『社会静学』（一八五一）では、環境への適応の如何によって善悪を定め、「生きるに、十分なだけ完成されているものが〈生きる〉のであり、そういうものが生きるのは妥当なことである。生きるに十分なだけ完成されていないものは死滅し、そういうものが死滅するのは最良のことである」と、冷徹な倫理観が提示されていることも指摘しておきたい。

スペンサーが広めた「適者生存」という標語は、リアリズムの時代思潮のもと、一九世紀後半の企業家に歓迎をもって受け入れられた。一八九三年、アメリカでは全世帯のうち上位九パーセントの金持ちが、国全体の約七一パーセントの富を独占するほどに、経済格差が拡大した。カーネギーはスペンサーに心酔し、自らも『富の福音』（一八八九）を著して、富を肯定した。アメリカ人の社会進化論者ウィリアム・サムナーも、富は生存競争を勝ち抜いた成功の証と捉え、弱者に手を差し伸べる社会改革には否定的であった。

ちなみに、ダーウィンが論じた「自然選択」は、「適者生存」と同義ではない。「自然選択」とは、あくまでも同種内におけるある差異性の喪失を意味する。変異の質が有用か否かは、選択が生じた後に決まるため、種の生存は同種内の多様性にかかっているといえる。簡明に言えば、適者ゆえに生存するのではなく、多様性がある種ほど生存の可能性は高まる、ということになる。

これは、地域や時代を超えて、あらゆる社会、あらゆる集団についてもいえることで、筆者が本書の執筆を通じて訴えかけたいメッセージの一つである。だが、一九世紀後半の自由放任主義の時代、「自然淘汰」、「適者生存」、「優勝劣敗」といった標語は、迫真性をもってアメリカ社会を席捲した。そして、社会進化論は、敗者や弱者を社会から切り捨てる理屈をも下支えした。

人種と人種主義

生物界に「進歩」のスケールをあてはめると、低位なものから高位なものへと並ぶ生物の系統樹の末端で、人類にも「進歩」が適応されることになる。これが人間の類型と重ねられると、人種主義へと発展する。しばしば混同されるが、人種とエスニック・グループ

（民族集団）は、区別が必要な概念である。両者について竹沢泰子氏は、ファン・デン・バーグの定義を引きつつ、以下のように紹介する。

エスニック・グループは「文化的基準にもとづき社会的に定義された集団」だが、人種は「身体的基準にもとづいて社会的に定義された集団」である。ただ、両者の境界は近年、あいまいになりつつあるという。なお、エスニシティとは、ある民族集団が自発的、肯定的、かつ積極的に掲げる自己表象であるいっぽう、人種とは支配集団など他者から押しつけられた表象である、との区別も紹介しておこう。

竹沢氏は、現代のあたらしい人種主義において、「エスニシティ」という言葉は、人種主義や人種差別を隠蔽する「代替語」として用いられていると指摘する。エスニシティによって「差異」を語りながらも、その実、指しているのは人種、というわけである。したがって人種とエスニシティがつねに厳然と区別されているわけではない点は、留意すべきであろう。

人間を分類する基準に肌の色などの身体的な特徴が導入されるのは、一八世紀に入ってからのことであった。それ以前は、たとえばユダヤ教徒がそうであるように、血統による区別がなされていた。また一七世紀前半まで、奴隷にされる人間であるか否かは、身体的類型ではなく、法的・宗教的身分によって決まっていた。

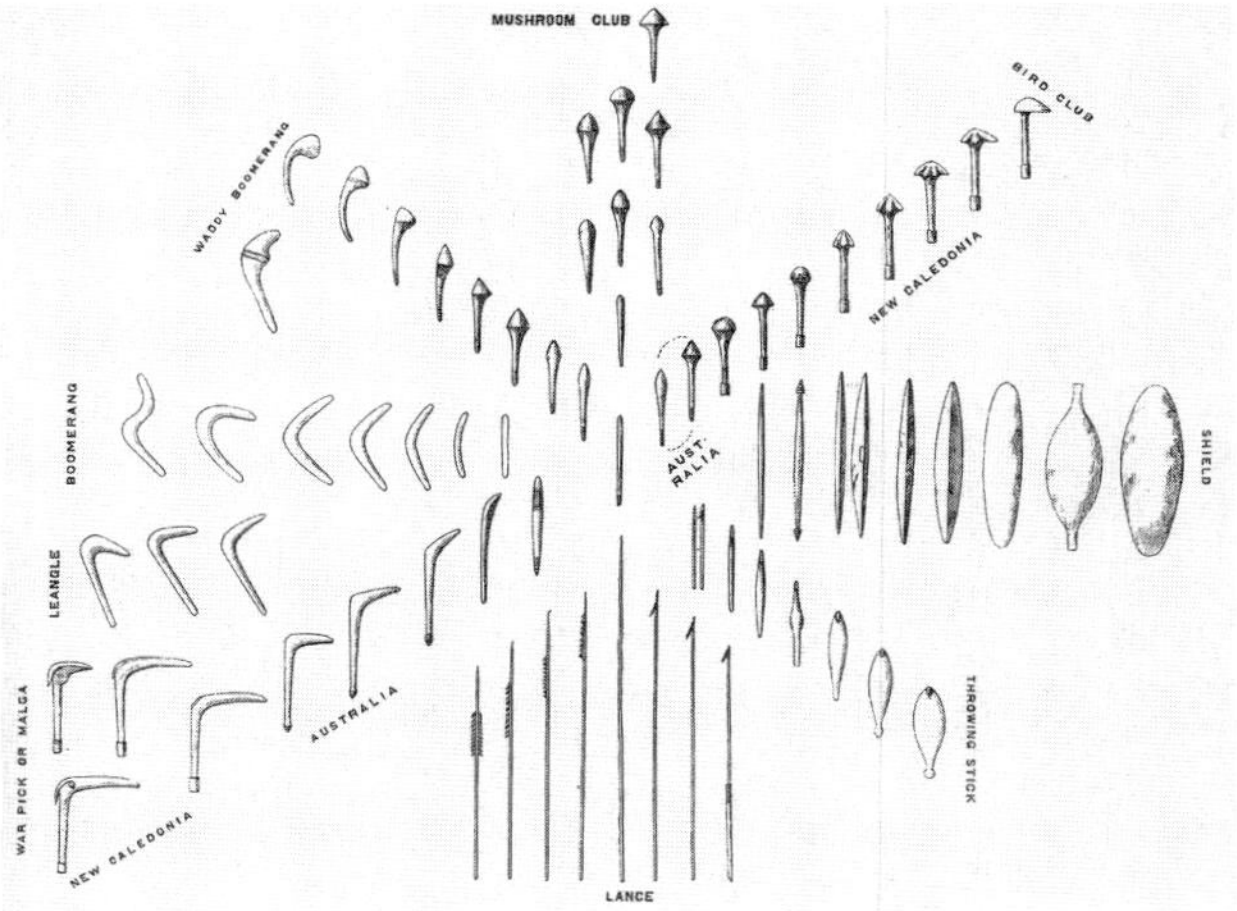

図19　ピット・リヴァーズによる武器の類型化

身体的類型にもとづく人種主義が発展するのは、一八世紀、啓蒙思想と科学的思考の影響を受けてのことである。カール・リンネやビュフォンが博物学を確立し、動植物は「分類」という思考のもと、視覚的な特徴にもとづく方法で体系化される。

このような視覚に頼った博物学の分類手法は、対象の外形、形質に特権性を付与した。吉田憲司氏はその好例として、イギリスの陸軍軍人であったピット・リヴァーズの武器コレクションを紹介する。リヴァーズは、一八五一年頃より、オセアニアで用いられていたブーメランとスローイング・スティックのコレクションを類型化し、そのなかに直線から曲線等へといたる変異を見出した。リヴァーズはその変異に、単純なものから複雑なものへといたる「ゆるやかな進歩」を読み解くが、これはまさにスペンサーが考える進歩の過程を想起させるものであった。

視覚による分類は、人間にも当てはめられる。フランスの博物学者ビュフォンは、『博物誌』で「人間の性質」について論じ、とくに「人類の変種」を考える場合、「もっとも注目すべきは色の変異であり、第二には形と大きさであり、第三にひとびとの習俗である」と書いた。だが、皮膚の色は、人種を分類するには不十分な指標であった。たとえば、人類学者のエヴァンズ・プリチャードは、人は数世代のうちに、文化や環境により肉体に変化がもたらされると考えていた。そこで、より固定的に人類を序列化する指標として頭蓋骨が見出される。頭蓋計測において重視されたのは、「顔面角」と「頭示数」であった。結果、顎が突き出て「頭」が短く、サルに似ている形状が劣等とされた。

頭蓋骨の研究は、一八世紀ドイツの解剖学者・人類学者のヨハン・フリードリヒ・ブルーメンバッハによる『諸人類頭蓋集』にさかのぼる。かれは、人類をコーカシア、モンゴリア、エチオピア、アメリカーナ、マレーの五つに分ける分類法を考案した。

アメリカでは、自然人類学者のサミュエル・ジョージ・モートンが、世界中から一〇〇〇個以上の頭蓋骨を収集して計測し、ブルーメンバッハの五分類を検証した。その結果、脳の大きさと人種とを結びつけ、上位の「近代コーカサス人種」、中位の「モンゴル人種」、下位の「ニグロ種群」に分類し、人種を序列化した。

さきの竹沢氏は、このモートンによって、ブルーメンバッハが「変異」という言葉で行った五分類が、「人種」という用語に書き換えられたと指摘する。したがって、人種主義的な概念としての「人種」は、モートンの一八三九年の著書『クラニア・アメリカーナ』が最初となる。なお、「人種主義」・「人種差別」（racism）という用語が一般的に使用されるのは、一九三〇年代に入ってからのことである。

モートンの頭骨学は、フランス人の解剖学者ポール・ブロカに継承される。ブロカは、パリ人類学協会の設立発起人の一人でもあった。かれは、頭蓋骨の解剖学的特徴を数値化して、脳容積による人種の比定を試みた。

アメリカでは、ダニエル・ブリントンが『人種と民族』（一八六〇）を著し、頭骨やその結合線の形状、鼻や顎の形状などにもとづき、類人猿のそれとの類似の度合いがより「高い」か「低い」か算定し、身体的基準にもとづいた人種的優越性を論じた。その結果、ヨーロッパ人種と白人種を序列の最高位に、アフリカ人あるいはニグロを底辺に、それぞれ位置づけた。そして、白人の人種的純血性の保護を説いた。

このほか一九世紀後半、アメリカの人類学者には、人種ではなく文化の段階として「野蛮」、「未開」、「文明」の定義を検討した論文「野蛮から文明へ」を著したジョン・パウェルや、論文「ヨーロッパ諸人種のヒエラルキー」でヨーロッパ人種、アルプス人種、地中海人種の序列を論じたカルロス・クロッソンらがいた。クロッソンの、ヨーロッパ人を三人種に分類し、序列階梯を定める試みは、ウィリアム・リプリーによる『ヨーロッパの諸人種』（一八九九）や、マディソン・グラントの『偉大なる人種の衰亡』（一九一六）にも引き継がれ、移民排斥の論を下支えする「根拠」とされた。

これら人類学者の「研究成果」は、論文や書籍を通して発表されたが、人種をめぐる「科学的」とされる見識がアメリカの世俗に広く流布する契機となったのは、一八九三年にコロンブスのアメリカ大陸「発見」四〇〇年を記念して催された、シカゴ・コロンブス世界大博覧会であった。

この万国博覧会で人類学者たちは、民族学・考古学分野の「M部局」の主任、フレデリック・パットナムを中心に、「人類学館」の展示を行った。また、同館では、ネイティヴ・アメリカンの民族学的展示に混じり、頭蓋骨容量と人種との関係を紹介する形質人類学や、フランシス・ゴルトンの指紋同定法を解説する犯罪人類学に関する展示が行われた。ただ、この博覧会でもっとも来場者に人気があったのは、「ミッドウェイ・プレザンス」

図20　シカゴ万国博覧会の風景

図21　シカゴ万国博覧会に出展された「日本の茶庭」

と呼ばれる娯楽ブースであった。これは、全長一・六キロメートル、幅一八〇メートルの大通りで、そこにネイティヴ・アメリカンの村、南洋諸島の人が暮らす村、トルコの村、中国の村落、日本の物産展示場、ドイツの村、ブラジルの音楽ホール、観覧車など、娯楽施設やレストラン、カフェ、物販店などが並んでいた。このミッドウェイ・プレザンスの先には、アメリカの産業と文明の高みを誇示する工芸館、機械館、電気館などの展示館が集う「ホワイト・シティ」があった。

この構図について社会学者の吉見俊哉氏は、ミッドウェイ・プレザンスからホワイト・シティへといたる、「アメリカ文明」を頂点とする「進歩」の階梯が投影されていたものと指摘する。この博覧会には、約半年間の開会期間中、当時のアメリカ国民の半数ちかい二七〇〇万人が来場した。シカゴ万国博覧会は、世界におけるアメリカ文明の位置づけを、広くアメリカ市民に自覚させる大がかりなイデオロギー装置であった。

のちにアメリカの人類学は、フランツ・ボアズが『未開人の心性』(一九一一)で心の人類普遍性を説き、また「移民子孫の身体的変化」(一九一二)において、一万七〇〇〇人の移民の子供を対象に行った調査を通して、遺伝形質は環境によって変化すると説いたこともあり、しだいに人種主義的な進化論から決別し、文化相対主義の地平へと歩みを進める。

しかし、他方で人種主義は優生学と結びつき、排斥や迫害を下支えする論拠にもなった。

一九〇六年、「アメリカ育種協会」が、一九二六年には「アメリカ優生学協会」が、それぞれ設立されて、各州で社会不適応者に対する断種や結婚制限などが実施された。断種のための手術では、生殖を阻む目的のもと、男性の輸精管が、女性の卵管が、それぞれ縛られたり、切除されたりした。

一九〇七年、インディアナ州で世界初の断種法が成立する。インディアナ州の少年院に勤務していた外科医H・C・シャープは、アメリカで急増する犯罪者や精神障害者を憂慮し、解決策として実験的に犯罪者四二人に断種を行った。一九〇九年から一三年にかけて、アメリカでは一六の州で断種法が制定され、二三年頃には十数州が加わり、最終的に三二州で断種法が成立した。アメリカで蓄積されたこれら断種に関するデータは、のちにドイツのナチス政権へと渡り、一九三三年の「ナチス断種法」の成立に役立てられた。

ナチスは、障害者や精神疾患者、遺伝的疾患のある者を「低価値者」にふるい分け、断種や不妊手術という間接的手段を集団殺戮という直接的方法に発展させる。そして、弱者や特定の「種」をこの世界から排除するホロコーストにいたったのである。

同化論と排外論

もともとアメリカは、社会進化論を是として、「レッセ・フェール」（自由放任主義）の原則のもと、移民に対しても寛容な姿勢を保っていた。だが、「新移民」と「旧移民」の数が入れ替わる一八八〇年代、移民は国家がコントロールすべき、という考えが勢いづく。この立場は、対外的には移民制限論となり、国内においては同化を促す圧力となった。

移民を危険視した人物としては、たとえばベストセラーとなった『われらの国』（一八八五）の著者ジョサイア・ストロングがいる。かれは組合教会派の牧師で、カトリック、モルモン教、社会主義、飲酒にくわえて、移民が合衆国を脅かすと説いた。

次章で紹介する第二期クー・クラックス・クランも、移民拒否を訴えていた。第二期クランの結成者ウィリアム・シモンズは、とくに「新移民」については「きっぱりと断る」と書いている。第二期クランの思想と、移民に対する姿勢については、次章で詳しくみることにしよう。

他方、同化の圧力について考える場合、まず引き合いに出されるのはエスニック・グループの同化を理論的に整理・体系化した、ミルトン・ゴードンの『アメリカン・ライフにおける同化』（一九六四）である。ゴードンは同化の要素として、人種、民族、宗教、社会階級、都鄙《とひ》（都会と田舎）居住別、居住地域の六つに分け、同化の理論にはつぎの三種があるとした。

すなわち、イギリス系を主とするアングロサクソンの要素へと順応することを求める

「アングロ・コンフォーミティ」、さまざまな人種的・民族的背景をもつひとびとが融合して「アメリカ人」が生まれるとする「るつぼ理論」、モザイクやサラダ・ボウルに喩えられるように、出自が異なるひとびとがアメリカ的素養を受け入れながらも、独自の文化的遺産を維持しつづける「文化多元主義」、これらである。このうち、「文化多元主義」の考え方が一般に広まるのは一九六〇年代以後のことである。

アングロ・コンフォーミティは、建国当初からアメリカの政治・経済・社会・文化の諸側面で主流をなしてきたイギリス的要素を主柱とみなし、後から来た移民にはそのイギリス的なものを吸収しながら、それに順応することを求めた。この考えを記号を用いて説明したウィリアム・ニューマンは、アングロ・コンフォーミティを「A＋B＋C＝A」とあらわした。

いっぽう、溶融によって別の物質を生み出す坩堝《るつぼ》に喩えられる「るつぼ理論」を記号で記すと、「A＋B＋C＝D」となる。「D」とは、新しい物質ならぬ「新しい人間」、すなわち「アメリカ人」ということになる。

るつぼ理論は、一九〇八年に上演されたイギリスに暮らすユダヤ人作家、イズレイル・ザングウィルの戯曲『るつぼ』で知られるようになったが、時代をさかのぼると、フランス系アメリカ人ミシェル・ド・クレヴクールは『アメリカ農夫の手紙』（一七八二）で、

「ここでは、あらゆる国々から来た個人が融け合い、一つの新しい人種となったのです」と記し、るつぼ理論を先取りする考えを示していた。

ただ、社会学者のネイサン・グレイサーとダニエル・モイニハンによる『人種のるつぼを越えて』（一九六三）や、マイケル・ノヴァックの『溶け合わないエスニックスの起り――七〇年代の文化と政治』（一九七二）などの研究が明らかにするように、実情は必ずしもるつぼ理論に即しているわけではない。

さて、移民を受け入れるか否かの姿勢は、同化を可能と考えるか否かでも変わってくる。同化が可能と考え、アメリカ社会は移民を迎えるべきと主張した人物としては、第二六代大統領セオドア・ローズヴェルトがいる。ローズヴェルトは一八世紀の博物学者ラマルクの進化論にダーウィンの自然選択説を取り入れたネオ・ラマルク派の遺伝学に立ち、移民の資質を柔軟に捉えていた。つまり、「アメリカ化」教育を行えば、文化的資質は世代を越えて継承され、いずれは「アメリカ化」が実現すると考えていた。

また、都市の貧困地区で移民を支援する「セツルメント・ハウス」の活動も、この思想に拠っている。セツルメント・ハウスの活動とは、すなわち「アメリカ的生活水準」の伝道であった。ただ、いずれについても、ここでいう同化とは、主流であるイギリス的要素への順応を指した。「アメリカ化」教育の積極的な実施によって、いずれ移民はアメリカ社会に順応する、という流動的な考えは、人の資質を可変的に捉える構築主義的思考と理解できる。

他方で、同化に懐疑的であった人としては、上院議員のヘンリー・ロッジがいる。かれは識字テストを提唱したことでも知られるとおり、教育を通した同化は不可能との立場に立ち、移民が環境に順応することはないと主張した。生物学者で優生学者のマディソン・グラントも同化に否定的であった。かれは、優生学を根拠に人種の混交は「退行」だと唱え、るつぼ理論の理想を「愚かな信念」と批判した。「新移民」の劣等性を訴えた社会学者エドワード・ロスは、劣等者の増殖がアメリカ全体の遺伝子を劣化させると訴えた。これら移民の資質を固定的に捉える立場は、生得的な資質を不可変と考える本質主義的思考に立つものといえる。

本質主義に立ち、教育の効果を疑い、同化に懐疑的になると、その主張は当然ながら移民制限論や排外論と親和的となる。さらに一八九〇年、アメリカでフロンティアの消滅が宣言されると、アメリカの土地や自然資源には限りがあるという認識が広まった。閉鎖空間という感覚は、閉鎖社会という意識と結びつき、異質な移民に対する恐怖感情を生み出した。また、政治経済学者のヘンリー・ジョージは、西部の良質な土地の供給が終わると、都市人口の増加圧力はいっそう強まると憂慮した。マルサスは『人口論』（一七九八）で、

「人口は、制限されなければ、等比数列的に増大する。生活資料は、等差数列的にしか増大しない」がゆえに、「人口はつねに、生活資料の水準におしとどめなければならない」と論じたが、これも移民制限論を下支えする根拠として引き合いに出された。

レッセ・フェールから移民制限へ

一九世紀のなかばまで、連邦政府は移民に対してレッセ・フェールの精神を守ってきた。だが一八七五年、売春婦と犯罪歴のある者の入国を禁じた法律の制定を皮切りに、移民を制限する諸法は一八八〇年代、本格的に導入される。それまで、奴隷貿易を禁じたり、南北戦争期に移住を奨励したことを除き、連邦政府が率先して移民を制限したり、あるいは奨励したりすることはなかった。

だが一八八〇年代、「新移民」の数と「旧移民」の数とが入れ替わる時期、この姿勢にも変化が生じる。一八八二年、精神疾患のある者、および公共の負担となるようなすべての者の入国が法律によって禁止され、一八九一年には、一夫多妻者、伝染病患者、反道徳的な前科のある者の入国が禁じられた。

また、労働争議の過激化を背景として、一八八五年には契約労働者禁止法(いわゆるフォーラン法)が、渡航費を前貸しする外国人契約労働者の募集を禁じ、一九〇一年にマッキンリー大統領が暗殺されると、一九〇三年には、外国人の無政府主義者の入国が禁じられた。一九〇七年には、児童労働を防止する目的で、両親に伴われない一六歳未満の子供の入国が禁止された。

このような制限法のいっぽう、特定のエスニック・グループの入国を制限する法律も導入される。最初に標的にされたのは、中国人であった。ただ、中国からの移民が制限されるにいたった理由は、その人種や民族性が問題視されたからというわけではなかった。また、中国系移民が増加し、白人労働者が仕事を奪われたために、中国人排斥が盛り上がったという説明も、厳密には十分ではない。

たしかに一八六〇年代から八〇年代にかけて、カリフォルニア州では中国系移民が州の人口の九パーセントを占めるにいたり、白人労働者とのあいだで摩擦が生じていた。七〇年代には中国人を対象にした暴力的な排斥運動が展開されて、中国人労働者を実力行使で鉱山から駆逐する動きもみられた。

また、一八六九年、大陸を横断するユニオン・パシフィック鉄道が完成したことで、中国人労働者が一時的に労働市場にあふれ、カリフォルニア州では農場労働者の一〇パーセントを占めるにいたり、白人労働者による抗議運動が盛り上がっていたことも確かである。

しかし、歴史学者の貴堂嘉之氏の指摘によれば、なにより中国系移民に対する排斥熱が高まった直接的な要因は、中国系移民の契約にもとづいた労働形態にあったという。中国人は一般に、アメリカに入国後、四年間ほどは仲介業者が定める契約労働に従事する約束で、中国本土で船賃や諸費として七〇ドルを前借りし、アメリカに渡った。仲介業者に仕切られる自由のない労働形態は、奴隷制を想起させて、自由な白人労働者の嫌悪を招いたのであるが、それ以上に白人労働者とのあいだに生じた確執は、契約労働という雇用形態が労働争議の足並みを乱した点にあった。

もともと全国労働組合や労働騎士団は、実態はさまざまながら、表向き、人種や国籍、性別による分断を超えた労働者階級の連帯を謳い、人間の平等を掲げて活動していた。だが、契約労働のもとで働いていた中国系移民は、労働運動に参加できないばかりか、スト破りとして利用されることもしばしばであった。その結果、労働組合は契約労働下にある中国系移民を敵視して、かれらの排斥を後押しする勢力となったのである。

一八七〇年代には中国からの移民の数が急増するいっぽう、アメリカ経済は不況に見舞われて、雇用環境は悪化した。カリフォルニア州ではアイルランド系の政治家デニス・カーニーが、富裕層に対する攻撃と中国系移民の排斥とを公約に掲げる労働者党を新たに立ち上げ、カリフォルニア州の全域で支持を集めた。カーニーの主張に賛同した『サンフランシスコ・クロニクル』紙は売り上げを伸ばし、中国人排斥の論調を強めていた。

しかし、アメリカが中国からの移民を制限するためには、大きな障壁があった。一八六八年、アメリカは中国の国内における通商特権とひきかえに、無制限の移民権を中国に与えていたのである。それでも、一八七五年、連邦議会の民主・共和の両党の思惑とカリフォルニア州の事情とが合致して、契約労働者に限って中国からの移民を禁止する法律が成立する。そして、一八八二年、アメリカ史上ではじめての、エスニック・グループを対象とした移民制限法となる、中国人排斥法が制定された。

同法は一〇年間の時限立法であったが、一〇年後の一八九二年に制定されたギアリー法（下院議員トマス・ギアリーが提案した法）では、中国人移民の停止期間がさらに一〇年延長されたばかりか、すでに合衆国に居住している中国人に対して、滞在の合法性を証明する白人による証言が求められた。この法律は一九〇二年に更新されて、以後、合衆国における中国系アメリカ人の人口は漸減する。

一八八三年から八六年まで、アメリカは経済不況に見舞われ、これを契機に、移民の規制を求める声が高まる。労働騎士団はその先頭に立った。ただ、かれらは契約労働者の規制を求めはしたものの、移民の全面的な停止を訴えていたわけではなかった。

いっぽう労働運動に加わっていないホワイトカラーの労働者や資本家たちは、シカゴのヘイマーケット広場で一八八六年のメーデーに発生した爆弾爆発事件「ヘイマーケット事件」などの過激な労働争議や、鉄道車両会社プルマンで一八九四年に発生した大規模なストライキ「プルマン争議」を目の当たりにして、労働運動を警戒し、移民には過激な活動家が混じっているのではないかと不安を抱きはじめた。結果として、労働者と資本家の双方で、移民制限論が熱を帯びるようになる。

一八九〇年代、ふたたび経済不況に見舞われると、移民制限の要求は全国的な広がりをみる。歴史家ジョン・フィスク、地質学者ナサニエル・シェイラー、上院議員ヘンリー・ロッジらが、ボストンで「移民規制同盟」を結成し、知識人や政治家も移民規制のキャンペーンに加わった。

それでもこの時期、全面的な移民制限が立法化されることはなかった。その理由として、『自由の女神のもとへ——移民とエスニシティ』の著者ジョン・ハイアムは、いまだアメリカには自由移民を正当化する理想が根強かったこと、移民制限の立法化には共和党だけでなく民主党の協力が必要であったこと、多数の移民票を抱える民主党は態度を決めかねていたこと、さらに、移民制限を唱える論者のあいだにも、さまざまな思惑と要求とがあり、なかなか足並みが揃わなかったこと、などを指摘している。

とりわけ、一点目の理念は、移民制限の流れに抗うもっとも重要な礎となった。たとえば、一八九四年、領事によって移民を選別する領事審査法が連邦下院を通過したとき、上院で反対し、成立を阻止したのはレッセ・フェールの伝統を根強くもつ民主党議員たちであった。アメリカ国民を代表し、理念と現実とに折り合いをつける大統領も、移民制限には慎重であった。ラザフォード・ヘイズやグローヴァー・クリーヴランド両大統領は、中国人契約移民労働者に関する立法や識字能力検査法案をめぐって、拒否権を発動している。ウィリアム・タフト大統領は、アメリカは移民に読み書き能力を与えられると論じ、ウッドロー・ウィルソン大統領も、アメリカを抑圧されたひとびとの安息所と位置づけて、移民を制限する立法に拒否権を発動した。

しかしながら、二〇世紀にはいると、移民制限論は、特定のエスニック・グループを対象に勢いづく。すなわち、それまで経済的要因を背景に盛り上がりをみせていた移民制限論が、経済の浮き沈みから切り離されて、特定の民族集団と結びついた移民制限論へと変化し、恒常化されるのである。

一九〇七年から一一年にかけて、合衆国移民問題審議会は、北西ヨーロッパ移民と南東ヨーロッパ移民の合衆国内における動向を調査して、四二巻におよぶ膨大な報告書を作成した。これによると、南東ヨーロッパ移民は都市に居住し、非熟練労働に従事して、帰国者数も多い傾向にあることが示された。あわせて統計では、スラム問題や犯罪率の高さ、病気や精神異常者の高い発生率も報告され、「新移民」は同化できないために規制すべきとの結論が下された。この報告書は、経済的・社会的問題と特定のエスニック・グループとを結びつける傾向を、移民制限論にもたらした。

また、移民制限論は人種主義と結びつき、特定のエスニック・グループの規制を求めるようになる。さきでも触れたとおり、ウィリアム・リプリーの『ヨーロッパの諸人種』やマディソン・グラントの『偉大なる人種の衰亡』などによって、移民問題には人種主義と、それを支える「科学的」枠組みとが持ち込まれた。ここに、ノルディック人種を「劣等」人種から守るという大義が加わり、移民制限論は、その背後にあった経済的・社会的問題から切り離されて、アングロサクソンの国である「アメリカ文明」を守る戦いへと接続されるのである。

北東部を中心に熱を帯びていた移民制限論は、西海岸で熱を帯びつつあった日本人移民排斥運動と時期を重ねて、国民的な問題に発展する。一八八二年に中国人排斥法が制定されて以後、中国からの移民は停止され、合衆国に居住する中国人移民の数は漸減していた。かわって、大規模農園や建設現場では、勤勉に働く日本人労働者が、煽動的な労働運動の憎悪を集めた。

一九〇五年、日本が日露戦争に勝利すると、日本人移民に反対する熱が高まる。ただ、西海岸のひとびとにとって、日本の海軍力が直接的な脅威となったわけではないだろう。

むしろ、日本が列強国に仲間入りすることで、日米間のパワー・バランスに変化が生じ、西海岸に余波がおよぶことを懸念しての脅威論であったのではないか。

一九〇七年、日米紳士協約が結ばれ、日本からの移民は在米移住者の両親や妻子、学生や商人を除き、自主的に禁止される。その結果、一九〇七年の日本からの移民者数は三万二二六人であったところ、翌年には一万五八〇三人に、さらに一九〇九年には三一一一人にまで減少する。以後、一九二四年に日本からの移民を完全に停止する「排日移民法」が導入されるまで、日本からの移民は年間おおむね一万人以下で推移した。

他方、ヨーロッパからの移民は、一九一〇年代には年間七〇万人から一〇〇万人を数え、一九一五年に第一次世界大戦が勃発して、アメリカが参戦すると三万人程度に減じるが、一九二〇年代にはふたたび二〇万人から六〇万人ほどに膨れ上がった。東西の移民の状況を比較すると、一九二四年の排日移民法が、いかに実数にはもとづかない、ヒステリックな反移民感情のもとに制定されたものか理解できる。

一九二一年には移民を量的に規制する「緊急移民割り当て法」が制定されて、一年間にアメリカが受け入れる移民の割当数は、一九一〇年の国勢調査にもとづき、合衆国に居住している出身国別人口の三パーセントと定められた。一九二四年には国籍別に移民を制限する「移民法」が制定される。この法律は、割り当て基準を一八九〇年にまでさかのぼって算定することで、「旧移民」をより多く受け入れられるように改められた。認められる国籍別の移民の数も二パーセントに絞られた。

こうして、一九二一年に八〇万人いた移民の数は、一九三〇年には二四万人に絞られた。具体的には、イギリスとドイツからの移民が、それぞれ六万五〇〇〇人と二万六〇〇〇人、ポーランド、イタリア、ロシアには、それぞれ、六五二四人、五八〇二人、二七八四人が割り当てられた。ギリシア移民は、一九二一年に三〇六三人いたが、一九二四年には一〇〇人に制限される。アジア各国からの移民は完全に停止された。この国別の割り当て率には、アングロサクソニズムがはっきりと反映されていた。

移民制限法導入の経緯

移民制限論の背後では、個人が抱く感情、社会情勢や経済状況、合理的根拠を与える「科学」、政治的駆け引き、これらさまざまな要素が複雑に絡み合う。だが、政治的主張にまとめ上げられると、これらの要素は見えにくくなる。

移民に対する制限は、あらゆる移民を分け隔てなく対象にするのであれば、主権国家の権限として認められるものである。問題は、制限を受ける移民と、受けない移民とが、なんらかの本質主義的な要素を理由に選別される点にある。

それでは、なぜアメリカで特定の国やエスニック・グループを対象にした移民制限が立法化されたのであろうか。もちろん、答えは単純ではなく、これまでの各章でみてきた通り、この時期にアメリカ社会が経験したさまざまな変化が複雑に影響し合うなかで、移民制限論がかたちづくられてきたはずである。また、第一次世界大戦によるナショナリズムの高揚も、その制限の立法化を後押しした。

これらにくわえ、ここでは移民制限法が導入された経緯を考察する二つの説を紹介しておきたい。

まず、巨視的な視点から、地域間の対立に着目したジョン・ハイアムの説をみてみよう。この説は、大量の移民が大都市に流入したことで、都市部ではこれら「新移民」の組織票によって移民制限論が押さえ込まれたが、その反動として西部や南部では旧いアメリカを支持する声が高まり、いわば反撃策として移民制限論が掲げられた、と考察する。ちょうど、禁酒法の成立過程を地域間の対立に探った、ホーフスタッターの説と構図は似ている。

他方、局所的な視点として、国内の政治問題が移民制限法に影響したと分析する簑原俊洋氏の説も興味深い。簑原氏は著書『排日移民法と日米関係』（二〇〇二）で、一九二四年の排日移民法の立法化には、米国議会内での政治的な取引が影響していた可能性を指摘する。

これまで一九二四年の日本人移民を制限する法律は、埴原正直駐米大使の「埴原書簡」にある「重大な結果」という言葉がきっかけとなり、立法化が後押しされたと説明されてきた。すなわち、連邦議会の外交委員長ヘンリー・ロッジは、「埴原書簡」に記された「重大な結果」という文言を日本側による「覆面の威嚇」と解釈し、ロッジがこれに強硬に対処すべきだと訴えたことで、排日移民法の成立が後押しされた、というわけである。

だが簑原氏は、当時のアメリカ政治という大きな時代背景に注目することで、同法の成立過程に新しい解釈を示した。簑原氏が注目したのは、共和党の新政権が直面していたティーポット・ドーム油田疑獄である。これは、連邦議員アルバート・フォールが、石油採掘権の便宜の見返りとして、三〇万ドル以上の賄賂を受け取ったとされる疑惑で、この一件で共和党のクーリッジ大統領ひきいる新政権は窮地に立たされていた。

この疑惑を追及していたのは民主党議員だけではなかった。元カリフォルニア州知事の共和党革新派ハイラム・ジョンソン議員は、民主党議員とともに厳しくクーリッジ政権を糾弾していた。問題が長期化すると、翌年に控える総選挙への影響も懸念された。ところが、ある日を境に、ジョンソンはクーリッジ糾弾をぴたりと止める。これについて簑原氏は、窮地にあった共和党が、これ以上の糾弾を止める見返りとして、カリフォルニア選出のジョンソン議員が掲げる日本人移民制限を党として受け入れる、「秘密協議」がもたれていたのではないかと推察する。そして、この政治取引を成立させるために、「埴原書簡」の「威嚇」が表向きの口実として取り上げられたのではないか、と論じた。簑原氏は「重大な結果」という言葉が否定的な結果を導いたとする、感情論に根差した従来の説に対して、政治的取引という合理的な説明を与えたわけである。

以上、巨視的と局所的の両端から移民排斥法の成立を検討する説を紹介した。両説について筆者が重要と考えるのは、つぎの二点である。まず、一見すると、移民制限の立法化には素朴な感情論が影響しているように思えるが、決してそうではなかったという点である。むしろその過程には、労働騎士団の例のように、利害にもとづく合理的な理由が大きく影響していた。

二点目に、簑原氏の研究が示すとおり、アメリカ国内の政治状況を踏まえて移民制限論を捉え直すと、これが数多くの政治課題のひとつにすぎなかったという、冷静な視界が開けてくる。結果的には、一九二四年の移民法は成立をみることになるが、それでも日系移民の排斥論が、政治材料として実利的な観点から捉え直された点は、感情に掉さす世論を冷静に見直す冷却機会として意義深いと指摘できるだろう。

第6章

第二期クー・クラックス・クランとアメリカニズム

ネイティヴィズム結社の隆盛

第一期ネイティヴィズムの勢いは、一八五〇年代後半には下火となる。だが南北戦争後、一八七〇年代から八〇年代にかけて、ふたたびネイティヴィズムを掲げる結社が活気づく。本書ではこの時期を第二期ネイティヴィズムと区分したい。この期にいたるまでも、アメリカでは「全米商人結社」「愛国団」「アメリカの息子たち」「メルシャン・プロテスタント協会」といった組織が細々と活動をつづけていた。ところが、第二期ネイティヴィズムは、男性や労働者ばかりか、女性が活動を主導した点で第一期ネイティヴィズムとは根本的に性格が異なった。

女性が主導した結社の先駆「自由の娘たち」は、一八七五年、コネチカット州メリデンで結成された。一八八二年、ニューヨークでは、「独立愛国同盟」が同じく女性を中心に組織された。一八八五年、フィラデルフィアでは、「愛国団」と「アメリカの息子たち」の女性部会に相当する「アメリカ愛国姉妹会」が結成された。一八八八年、ボストンでは準秘密結社「アメリカ自由婦人会」が組織される。一八八八年には一六歳以上の白人が入会する「アメリカの娘たち」が、さらに同年には「コロンビアの娘たち」が、それぞれ結成された。

なぜ、一八八〇年代に、女性が集う愛国的な結社が急増したのか。一般にアメリカのフェミニズムの歴史は、一八四八年にニューヨーク州の西部、セネカフォールズで女性の権利をめぐり開催された会議にはじまる。この「セネカフォールズ会議」から一九二〇年に女性参政権が認められるまでの期間は、第一波フェミニズム運動期と区分される。この時期、女性が主体となった社会的結社によるネイティヴィズム運動は、画期的な現象であったはずだが、禁酒運動に関するもの以外、詳しい情報はない。

なぜこの時期、女性結社が流行したのか。一八八〇年代は「新移民」が多数、アメリカに押し寄せた時期だが、異質な移民の到来という点では、第一期ネイティヴィズムも同じである。したがって、第二期に女性結社が隆盛した理由を探るためには、女性を取り巻く状況の変化に注目する必要があるだろう。

そのひとつには、産業化と都市化がある。この時代、都市に暮らす中流階級以上の女性には、家事や育児から解放されて、社会活動に費やすことができる余暇が生じていた。一八〇〇年、女性は平均で七・〇四人の赤ちゃんを出産したが、その数は一〇〇年後の一九〇〇年、平均で三・五六人に減じた。また、都市の暮らしは家事労働の時間を短縮した。子育てと家事に費やされる時間は、ともに大幅に減ったのである。

また、女性がネイティヴィズムに関わった理由は、女性結社が積極的に子育てと公教育

図22　アメリカ保護協会（左）と公教育支持派（右）との折衷を訴える

について提言を行っていたからであった。ただ、女性結社による提言は、基本的には愛国主義に立つもので、直接的また間接的に、「新移民」の多くが信奉したローマ・カトリック教会と、カトリック教徒向けの学校に対する不信感に根差すものであった。

これらの結社が主張したのは、愛国主義に立つ教育と歴史教育の重要性であった。一八七五年に結成された、女性が主導する結社の先駆「自由の娘たち」は、会員数が六万人ほどに成長した組織であった。同結社は合衆国への忠誠と愛国主義に立ちながら、公立学校制度の護持と教会の不干渉を掲げていた。一八八八年、ボストンで結成されたプロテスタント系結社「アメリカ自由婦人会」は、政教分離を主張し、特定の宗派が公立学校に影響を及ぼすことを禁じる提言を行った。

公立学校への提言は、女性の結社だけが行っていたわけではない。第二期ネイティヴィズムの時代、もっとも大きな組織に成長したアメリカ保護協会は、広く門戸を開いたことで会員数は二〇〇万人ともいわれたが、同会も無宗派に立つ自由な学校の護持や、教育資格をめぐる認可制度の導入などを主張していた。

ところが、愛国主義を掲げた結社であっても、その主張はさまざまで、公立学校の無宗教化を要求する点で足並みが揃っていたわけではなかった。たとえば、一八九五年にボストンで結成された「小さな赤い学舎団」は、神学校が学校を指導すべきと提唱していた。なお、この結社が会員に求めた要件は、アメリカ国旗とアメリカの政治体制への忠誠だけであり、したがって、黒人、外国人、ユダヤ教徒、カトリック教徒など、人種や宗派を問わず入会を認めていた点は興味深い。

一八七二年にカリフォルニア州サンノゼで結成された「ネイティヴ・アメリカン結社」は、歴史教育を重視し、アメリカ史を独立前、独立後から南北戦争まで、南北戦争後の三期に分けて教えることを提言した。一八八二年にニューヨークで結成された「独立愛国同盟」も、歴史教育を重視した組織であった。同会は、国家の発展と進歩を軸に歴史教育を行うよう提言し、歴史的資料の保全活動を訴えた。

これら結社の移民に対する姿勢も、さまざまであった。一八八八年にニューヨークで結成された「アメリカ愛国同盟」は移民自体の反対を掲げていた。さきに紹介した会員数二〇〇万人といわれた巨大なアメリカ保護協会は、移民の一時的な停止を唱え、あわせて帰化の要件として、アメリカ国内での居住年数の延長と教育歴の考慮を提言した。他方、「アメリカ自由婦人会」の提言は、移民の停止ではなく制限で、同じく一八九四年にボルチモアとワシントンで結成された「アメリカ騎士団」も、外国移民の制限と関税の引き上げを求めていた。

このほか、一八八六年にテキサス州で結成された「哨兵愛国団」は、中西部で支持を集め、会員数が五〇万人に達した規模の大きな結社であったが、同組織が主張していたのは、おもに移民を対象にした貧困層向けの救済支援の縮小であった。また、さきの小さな赤い学舎団がそうであるように、アメリカへの忠誠を重視する一方、移民の問題については提言を控える結社もあった。

一九世紀末に隆盛した結社は、愛国主義に立ち、おもに移民を縮小する方向では共通していたが、移民の停止、あるいは制限で足並みが揃っていたわけではなかった。だが、これら泡沫結社は、しだいにアメリカ保護協会に吸収されたり、あるいはこれと連帯する立場をとるようになる。

こうして第二期ネイティヴィズムを代表する組織に成長したアメリカ保護協会は、移民の一時停止、政教分離、共和制への忠誠、公立学校の無宗派化、特定の宗派への政府の利便供与の禁止、教育資格の認可制、平等の課税、前科者の労働者の移民禁止、私設組織に対する公的査察の実施、などを掲げ、二〇〇万人とも見積もられる会員を集めた。したがって、アメリカ保護協会が掲げた、移民の一時停止という主張は、同会が並べた提言の一つにすぎなかった。

各結社にはそれぞれ異なる主張があり、移民に関する姿勢はさまざまであった。愛国主義に立つ排外結社であっても、その主張が移民の完全停止で一致していたわけではなかったのである。

アメリカは移民によって繁栄し、移民とともに成長した国であり、また、自由と平等の理念に立つ国家であるため、国の来し方と行く末を論じるとき、移民についての考えも当然、一様ではなかった。ネイティヴィズムを掲げる結社の数だけ、移民の受け入れや外国生まれのアメリカ人について、多様な考え方があったと言っても過言ではないだろう。

それゆえ、ネイティヴィズム結社が足並みを揃えて政治活動を行うということも、ほとんどみられなかった。アメリカ保護協会のように会員数が二百万人を数える巨大組織であっても、一八九四年の選挙では立てた候補者の多くが落選した。そればかりか一八九六年の選挙では、政治主張がまとまらず、支持者は既存の政党に吸収されて、結果的に組織は弱体化した。

これらを踏まえると、一八七〇年代から世紀転換期にかけて隆盛したネイティヴィズム結社が、移民制限の政治的決定に及ぼした影響力は大きくなかったといえるだろう。ただ、移民と外国生まれのアメリカ人をめぐる、さまざまな問題を多角的に洗い出し、これに対する幅広い対応の可能性を社会に示したという点では、この時期の各結社には一定の社会的意義があったものと主張しておきたい。

第二期クランの謎

本書で第二期ネイティヴィズムと呼ぶ波は、一八七〇年代からはじまると考えているが、一九二〇年代に活発化する第二期クー・クラックス・クランの活動も、この第二期ネイティヴィズムとの脈絡において理解できるのではないだろうか。第一期クランの解散後、約半世紀が経過した一九一五年、クランはアメリカ南部、ジョージア州の州都アトランタの郊外で、ウィリアム・シモンズによって再結成された。シモンズは一八八〇年にアラバマ州の小さな町ハーパースヴィルに生まれ、メソディスト教会の牧師を務めていた。

シモンズはもともと、「ピシアス騎士団」や「オッド・フェローズ」、それにフリーメイソンの会員で、秘密結社での活動経験が豊富であった。かれはあるとき、第一期クランの規約集を手に入れたことをきっかけに、それを真似た結社の創設を思い立つ。そして、一

図23　第二期クランの結成の地、ストーンマウンテン（著者撮影）

一九一五年の一一月、肌寒い感謝祭の夜に、一九名の仲間とともにアトランタ郊外のストーンマウンテンに登り、木製の十字架に炎をともしながらクランの復活を宣言した。

シモンズが再結成した第二期クランは、南北戦争後に結成された第一期クランと直接的な結びつきはない。この点は、一九二二年から第二期クランの代表の座についたハイラム・エヴァンズも、「新しいクランは古いクランと、本質的に無関係」と認めている。

しかし、第二期クランは一九二〇年代半ば、数百万人の会員が集う全国組織に成長した。なぜ、アメリカ南部の地域結社であった第一期クランが、第二期に全国組織として生まれ変わったのであろうか。また、第二期クランは、最盛期、会員数が八〇〇万人に達したと見積もる研究者がいるほど、巨大な組織に成長したが、なぜこれほどの会員数を集めるにいたったのか。

実際には、会員数は四〇〇万〜六〇〇万人であったと考えられているが、それでも、アメリカの総人口がおよそ一億人強であった当時、約二〇人に一人がクランに入会していた計算になる。この状況は尋常ではない。

第二期クランが全国組織としての地歩を固め、巨大な結社に成長した経緯を明らかにすることは、数百万人もの人がネイティヴィズムの声を上げた一九二〇年代の、排外主義の実情に迫ることにもなるだろう。

『ザ・クランズマン』と『國民の創生』

第二期クランについて語るとき、その会員数急増の要因としてしばしば指摘されるのは、映画『國民の創生』の人気である。第二期クランが結成された一九一五年、トマス・ディクソン・ジュニア作の小説『ザ・クランズマン』（以下『クランズマン』）を原作とする、D・W・グリフィス監督の長編映画『國民の創生』が公開されて、空前の大ヒットを記録した。

原作の『クランズマン』は、負傷した南部将校と北部女性との恋を描いた長編小説で、北部と南部の隔たりが乗り越えられて、最後、結婚にいたるという筋書きのラブ・ロマンス物語である。作中、南北戦争後の再建期南部は、黒人が権力を掌握する「恐怖」状態として描かれ、クランは女性たちを守る正義の白人結社として活躍する。黒人には悪が、白人には善が、それぞれ投影されていた。南北の主人公が恋に落ち、困難を乗り越えて恋を成就させる作品の結末には、南北戦争で分裂した国内の対立感情を融和するモチーフが重ねられている。

小説『クランズマン』は数万部を売るヒット作となったが、物語の人気は、劇作化と映画化によって爆発する。とくに『クランズマン』とトマス・ディクソン・ジュニアの他二作品を下地に制作された、D・W・グリフィス監督による『國民の創生』は、「クローズアップ」や「クロス・カッティング」など、当時、最新の映画手法が駆使され、一万八〇〇〇人のエキストラ、三〇〇〇頭の馬、二万五〇〇〇ヤードにおよぶクランの衣装のための白い布、五〇〇〇を超えるシーンを盛り込んだ、空前の超大作であった。映画は大ヒットを記録し、のべ五〇〇〇万人が見たといわれている。

したがって、『國民の創生』の大ヒットが、巨大結社クラン出現の素地を築いたことは間違いない。だが、実のところ、事情はそれほど単純なものではなかった。というのも、劇作化されて人気を博した『クランズマン』や『國民の創生』をめぐっては、しばしば新

図24　ニューヨークの劇場前で『國民の創生』の上映に反対するNAACP

聞紙上で、人種差別的であるとの抗議の声や、史実との整合性がつかないといった批判が繰り返されていたからである。

『クランズマン』と『國民の創生』は、どのように第二期クランの組織拡大の素地を築いたのか。この解明のために、筆者はアメリカ西海岸のオレゴン州に着目し、両作の同州での受容について、オレゴン州で刊行された新聞記事（『モーニング・オレゴニアン』、『サンデー・オレゴニアン』、『デイリー・キャピタル・ジャーナル』、『イースト・オレゴニアン』等）を繰りながら、分析を行った。

なお、オレゴン州に着目した理由は、同州が第二期クランの活動時期に、特異な状況下にあったからである。というのも、一九二〇年代、オレゴン州の総人口は七八万人であったが、このうちクランの会員は五万から一五万人、ポートランドに限ると、二五万人の住人のうち二万人がクランの会員であった。したがって、オレゴン州では、最大で五人に一人が、ポートランドでも一二、三人に一人が、クランの会員であったことになる。これは他州と比較しても、相当に高い割合である。

さらに、一九二〇年代のオレゴン州の人種構成をみると、同州の特異性が際立つ。当時、オレゴン州は人口の九七パーセントが白人で、そのうちアメリカ生まれが八五パーセントを占めていた。クランが敵視するカトリック教徒はわずか八パーセント、新参者も多くはカナダか北部ヨーロッパからの移民で、「問題視」されるひとびとではなかった。このような人種・エスニック構成の州にもかかわらず、オレゴン州ではクランの会員比率が高まるという、奇妙な逆転現象が生じていた。したがって、オレゴン州では、顔と顔を突き合わせたことがない仮想の「敵」に対して、クランが結成されていたことになる。

筆者の分析結果をさきに明かすと、オレゴン州では一九〇五年から一六年にかけて、一一年という長期にわたり、『クランズマン』と『國民の創生』が断続的に話題となっていたことがわかった。ただ、話題の長期化が直接、クランの人気に結びついていたわけではない。クランの組織拡大の素地は、より巧妙に整えられていたのである。

「消化」される人種問題と史実の曲解

オレゴン州で小説『クランズマン』の出版を伝えた最初の記事は、一九〇五年に掲載された。だが、小説の評判は限定的で、販売部数も全米で数万部に限られた。ところが、『クランズマン』の演劇が公開されると、作品は一気に評判を呼ぶ。劇作化のニュースは一九〇五年八月に各紙が報じるが、公演の盛況ぶりが伝えられるのは一九〇六年一月以後のことである。ニューヨークのリバティ劇場で初演の成功を収めた一座は、シカゴやルイスヴィル、フィラデルフィアなど全米各地をくまなく巡り、一九〇八年までに観劇した人の数は四〇〇万人を数えたと伝えられている。

劇作『クランズマン』がオレゴン州へやって来るのは、一九〇八年一〇月。初演から二年半以上が経過してのことであった。この間、同作の評判はオレゴン州で断続的に報じられ、『クランズマン』に対する期待感は相当なまでに高まっていた。ところが、ポートランドでの初演はまったくの期待外れに終わった。初演を報じた新聞によると、舞台上に馬が八頭登場するはずの臨場感あふれる場面では、上演劇場の舞台が手狭で馬は二頭しか登場せず、公演内容もかなり割愛されていて、一四日間の上演は「失望を禁じえない」ものであった。

一九一五年、映画『國民の創生』が公開されると、劇作『クランズマン』同様、北米大陸の両岸では、上映に数カ月の時間差が生じ、その間、同作の評判はオレゴン州で断続的に報じられていた。劇作同様、オレゴン州に暮らす市民の期待感は相当に高まっていった。『國民の創生』は初公開から半年後の一九一五年九月、ようやくオレゴン州ポートランドで上映される。その評判は上々であったが、じつのところ、この映画の人気が最高潮に達するのは、一九一六年に上映される「新版」によってであった。「新版」には、三〇名からなるオーケストラが添える生演奏と、一一名の裏方が仕掛ける効果音と彩色光によって、無声映画とは思えないほどの迫力と臨場感が備わっていた。「新版」の『國民の創生』は、一九一六年四月末から七月まで、オレゴン州ポートランドでロングランを記録し、さらに州内の地方の町々を巡って上映された。

こうして、長編小説『クランズマン』から映画『國民の創生』にいたるまで、この物語は足掛け一一年にわたり、断続的にオレゴン州で話題となった。注目すべきは、この一一年という長期に及ぶ時間によって、同作に係るさまざまな「問題」が、未解決のまま「消化」されていた点である。

劇作化された『クランズマン』をめぐっては、黒人が各地で上演に反対する抗議の声を上げていた。フィラデルフィアでは、上演に先立ち黒人が暴動を呼びかけたため、警察が対応を迫られた。結果として、フィラデルフィア市長が、同地での公演中止を勧告するにいたる。このニュースは全米各地に伝わり、オレゴン州でも七日間にわたり、州内の八紙が事件の経過を報じた。ニューヨークのブルックリンでは、暴動を警戒し、上演が中止された。ポートランドでも上演に先立ち、一〇〇名ほどの黒人が劇場前で抗議の声を上げた。

劇作『クランズマン』の上演には、有識者からも批判の声が上がった。ハワード大学で学部長の職にあった黒人のケリー・ミラーは、『クランズマン』を文学作品の力を借りた「人種憎悪のプロパガンダ」作品と批判した。この告発を記したビラが、上演予定の劇場前で三〇〇枚撒《ま》かれるといった事態も生じ、騒動は全米で報じられた。

映画『國民の創生』も議論を巻き起こした。その論点は二つに絞られる。一点目は、やはり黒人に対する差別的な描写についてであった。東部での公開からまもなく、一九一五年四月一八日付の『サンデー・オレゴニアン』には、上映中止を求める黒人の声が掲載されている。同作が描く人種差別を批判する記事は、『クランズマン』と同様、断続的に新聞に掲載された。

抗議には著名人も加わった。全米黒人地位向上協会（NAACP）の創設メンバーであった、『ニューヨーク・イヴニング・ポスト』の編集長オズワルド・ギャリソン・ヴィラードと、アメリカ弁護士協会の会長ムアフィールド・ストーリーは、同作が黒人を侮辱し、歴史的事実をねじ曲げていると批判した。ほかにも、ユダヤ教会の主管者スティーヴン・ワイズ、ハル・ハウスの創設者ジェーン・アダムズ、黒人指導者ブッカー・T・ワシントン、ハーヴァード大学の学長らも、同作が描く侮蔑的な黒人像に抗議の声を寄せた。

図25　自由黒人を取り囲むクランたち（『國民の創生』より）

また、『國民の創生』が描く歴史には、白人からも異議が唱えられた。オレゴン州は南北戦争の戦地からは遠く離れていたが、映画の内容と史実との整合性をめぐり、地元紙には何度も記事が掲載された。たとえば、一九一五年八月二〇日付『モーニング・オレゴニアン』には、南北戦争の元従軍士官が、「ほとんど、はじめから終わりまで事実の誤解だらけで、戦争を知らない若者の心に誤った考えを生じさせる」と危惧する意見が掲載された。

同作が描く歴史には、一般読者も関心を寄せていた。一九一五年九月一〇日付『ポルクカウンティ・オブザーバー』の投書欄には、もしアメリカに「國民の創生」を物語る時機があるとすれば、それは南北戦争ではなく独立宣言に見出されるべきだ、との批判が掲載された。この投書はつづけて、北軍をないがしろにし、南部連合軍の視点で描く同作をもって「國民の創生」を語るならば、はなはだしい史実の曲解であり、クランは南北間の関係修復に寄与した英雄ではない、これは違法集団だ、と断じた。

だが、いったんオレゴン州ポートランドで『國民の創生』の上映がはじまると、これらの議論にも変化が生じる。「旧版」の上映を伝える一九一五年九月、一二日と一九日の『サンデー・オレゴニアン』には、同作の教育的効果への期待を謳う記事が登場した。映画について、記事は、過ぎ去った過去のアメリカ史の一幕を、映像で知ることができる最高の教材と称賛したのである。以後、オレゴン州で歴史的整合性をめぐる批判と議論が新聞紙面に登場することはなくなる。黒人表象をめぐる批判についても同様で、紙面から姿を消した。

『クランズマン』と『國民の創生』は、一一年という長期にわたり、オレゴン州で断続的に話題となった。だが、両作品をめぐる差別や史実についての問題は、話題が紙面で「消化」される過程で、あたかも解決されたかのような印象を残しながら、世間から忘れ去られてしまったのである。

第二期クランのアメリカニズムと反知性主義

南北戦争後の第一期クランは、黒人結社「ユニオン・リーグ」などに対抗するために南部白人が結成した秘密結社であった。クランの目的は、南部白人の権益の確保にあり、あくまでも南部の実情に根差した地域結社であった。ところが、クランは一九一五年、アメリカニズムを推進する全国結社としてよみがえる。すなわちクランは、南部白人のための地域的（リージョナル）な組織から、全国的（ナショナル）な組織へと生まれ変わったのである。

図26　第二期クランのメンバーたち

この変化のためには、第一期クランの歴史的文脈を修正する必要があった。トマス・ディクソン・ジュニアの『クランズマン』と長編映画『國民の創生』の評判は、これに一役買っていたといえるだろう。足掛け一一年にわたり、南北が対立した地域間の戦争を白人対黒人という

図27　第二期クランのメンバーには赤ちゃんから100歳の高齢者までいた

人種間の戦争へとすり替え、白人に口当たりの良い英雄的結社としてのクラン像を流布しつづけたわけである。

結果として、地域結社であった第一期クランは、両作によって南部色が「脱色」されて、北部主流のアメリカ史への「史的接続」が果たされたものといえる。

とはいうものの、第二期クランは結成当初、実のところ会員数は伸び悩んでいた。第二期クランは、『國民の創生』の公開と同じ一九一五年に結成されたが、一九二〇年までの五年間、会員数は多く見積もっても二〇〇〇人未満で推移していた。したがって、『クランズマン』と『國民の創生』が、直接的に第二期クランの急拡大に結びついたわけではなかった。

それでは、なぜ第二期クランに、数百万人もの会員が集ったのであろうか。詳しくはさきにも紹介した拙著を一読されたいが、そのなかでも重要と思える点を、ここでも確認しておきたい。まずは、数百万人をひきつけた、第二期クランが掲げる信条と、その主張についてみてみよう。

第二期クランの創設者シモンズは著書『素顔のクラン』で、クランに集うべきアメリカ人をつぎのように説明する。「わたしが『われわれアメリカ人』と語るとき、この言葉が意味するものをはっきりとさせておこう。この言葉は、出自と教育を通して、わがアメリカ文明の理念と実践という基本原理を、今日にいたるまで完全に共有してきた先祖をもつ、この国に生まれた白人の市民たちを意味するのである」。つづけてシモンズは、「外国生まれの人が善き市民になれないというわけではなく、外国生まれの素晴らしい市民はたくさんいる」と書きながら、「アメリカ人は独立革命と南北戦争を戦い抜き、その気概はアメリカの荒野を開拓し、その忍耐力は荒野を征服し、稔り豊かな大地に変えてきたと論じ、クランは反移民や反カトリック、反ユダヤのためにあるのではなく、あくまでもアメリカに生まれ育ったプロテスタントの白人のための組織である」と強調した。

このことは、クランの規約集『クロラン』でも窺い知ることができる。『クロラン』には、加入儀礼の際、新規入会者に尋ねるべき一〇の誓約が記されている。その誓約は、クランの立ち位置を端的に示している。

(1)クランへの入会の意志は真剣なもので、かつ利己的なものではないか
(2)白人であり、非ユダヤ人で、プロテスタント教徒か
(3)アメリカ合衆国に背く、あらゆる政府や人民、宗派、統治者に対して、絶対に反対の立場にあり、一切の関わりはないか
(4)キリスト教の教義を信じるか
(5)アメリカ合衆国政府は世界で至上と認めるか
(6)穢れなき心で宣誓をするか
(7)団結を守り、クランのメンバーにふさわしい行動をとるか
(8)白人至上主義を誓い、それを永続させるために絶えず努力を惜しまないか
(9)クランのルールに従い、クランの慣習、要求、決定を遵守するか
(10)クランとともにあるか

以上、一〇の誓約のうち、(2)、(4)、(5)、(8)を総合すると、クランは非ユダヤ系の白人プロテスタント教徒で、合衆国政府を至上と認める、白人至上主義者の組織であると理解できる。すなわちクランは、アングロサクソンの優越とアメリカニズムの思想に立つ秘密結

社であった。

この点は、『クロラン』やクランの刊行物でも繰り返し強調されている。たとえば『クロラン』では、クランの活動目的について、「この国に生まれたアメリカ合衆国の非ユダヤ系市民で、いかなる外国政府、国民、組織、宗派、支配者、個人あるいは民衆に対しても服従する関係にはない、道徳的に堅固で、世の模範となるにふさわしい名声および天職をえている白人男子の結束を図ること」とある。以上より、たしかにクランは「白人至上主義」に立つ団体であったことが理解できる。

では、この組織は、具体的にどのような主張を展開していたのであろうか。以下の引用は拙著でも紹介したものであるが、本書にとっても重要であるため、ここであらためて確認しておきたい。シモンズやエヴァンズの著作、またインタヴュー記事にクランの思想を探ると、その根幹には「本来のアメリカを取り戻す」という、昔日への憧憬があることがわかる。たとえばシモンズは、『素顔のクラン』（*The Klan Unmasked*）でこう書いている。

われわれの祖先の古きアメリカは、いたるところで消え去りつつある。新しいアメリカが、われわれにのしかかっている。そして、上品で知性的なマイノリティの鼻孔のなかで、新しいアメリカは急速に悪臭を放ちはじめている。われわれアメリカ人は、すすむべき道を改めなければならない。われわれに必要なのは大覚醒——コモン・センスと健全なる精神の復興である。……われわれは前進するのではない。われわれは逆戻りするのである。(William Joseph Simmons *"The Klan Unmasked"*)

シモンズは、古き良きアメリカが失われつつある現状を嘆き、解決策として過去への遡行を主張する。ここで必要性が説かれている「大覚醒」(グレート・アウェイクニング)は、キリスト教プロテスタントにおいてしばしばみられる信仰復興運動《リヴァイヴァリズム》を想起させる。信仰復興運動の原動力の一端は、反知性主義にあるとされるが、じつのところ第二期クランの活動も、その素地は反知性主義に根を下ろしていた。

反知性主義は、『アメリカの反知性主義』の著者リチャード・ホーフスタッターによって名づけられた。これは英語で表記すればanti-intellectualismとなる。ホーフスタッターは、反知性主義は定義できない、と前置きしながら、その特徴は、「知的な生き方およびそれを代表するとされる人びとに対する憤りと疑惑」にあり、「そのような生き方の価値を、つねに極小化しようとする傾向」であると記している。

アメリカの反知性主義について、歴史的展開を追いながら解説した森本あんり氏は、『反知性主義——アメリカが生んだ「熱病」の正体』のなかで反知性主義を、「知性と権力の固定的な結びつきに対する反感」と要約する。反知性主義は、たとえばさきの大統領選挙におけるトランプ候補の当選や、政治・権力・大企業とカネの問題を厳しく批判した民主党の二番手候補バーニー・サンダースへの支持など、現代の世界の潮流を理解するうえでも重要な概念である。

実のところ、反知性主義をはじめて論じたホーフスタッターは、その著書『アメリカの反知性主義』のなかで、第二期クランの元代表エヴァンズの言葉を紹介している。

われわれの運動の主体はふつうの人びとであり、文化、知的裏づけ、熟練したリーダーシップなどの面で大きな弱点をもっている。求めているのは、昔ながらの平均的市民の手に権力を取り戻すことであり、われわれは勝利に望みをいだいている。これらの人びとは高い教養も知性ももっていない。だが、まったく腐ってはいないし、脱アメリカ化してもいない。われわれの運動の構成員や指導者はみなこうした階級の人間であり、知識人やリベラル派が反対するのはほとんど自明の理である。彼らは支配権を握り、アメリカニズムを裏切り、われわれは彼らの支配権を奪おうとしているからだ。

われわれが弱点をかかえていることはまちがいない。そのために、「田舎者」とか

「世間知らず」、「車は中古のフォード」といった非難を浴びているのだ。それは認める。そのうえ、われわれのほとんどは言語能力に乏しいため、もっとも効果的な方法で自分たちの状況を説明したり、改革運動を弁護することがなかなかできないでいる。すべての民衆運動は、まさにこうした障害を負ってきた……。

だが、冷たい知性をもたず、情緒的で本能的であるからといって、クランはその事実が弱点になるとは考えない。あらゆる行動は情緒にもとづくものであり、推論にもとづくものではない。行為の源となる情緒や本能は、何千年にもわたってわれわれの内に育まれてきた。つまり、人間の頭脳にある理性よりもはるかに古いものなのだ。……それらは偉大な歴史的文書以上に重要なアメリカ文明の礎石である。本性を喪失した知識人の形だけの推論とちがい、情緒や本能は信頼に値するものだ。

（ホーフスタッター『アメリカの反知性主義』田村哲夫訳）

エヴァンズは、知識人やリベラル派が「われわれ」から支配権を奪おうとしていると呼びかけ、「平均的市民の手に権力を取り戻す」と訴える。「われわれ」には高い教養や知性はなく、「情緒的で本能的」でもあるが、しかし「腐って」いるわけではないと自認する。「冷たい知性」を振りかざす知識人やリベラル派と、民衆による素朴な改革運動を訴えた第二期クランは、ホーフスタッターが言う反知性主義の一例に位置づけられるだろう。

クランの人種観と慈善活動

白人至上主義を訴えるクランには、一般に黒人をリンチにかけて、虐殺する集団というイメージがある。これは、第二期クラン衰退後の一九六〇年代、公民権法をめぐる議論が紛糾したなかで過激化した、第三期クランの活動に負うところが大きい。

じつのところ、第二期クランにおける白人と黒人との関係は、単純なものではなかった。さきのシモンズは著書『素顔のクラン』で、黒人はクランの敵ではない、と何度も強調している。もちろん、黒人差別の意図はあり、したがってシモンズの訴えは白人の優位性を相対的に示すためのものであった。シモンズはアメリカの黒人について、アフリカの黒人と比べると各段に「進歩」を遂げてはいるが、それは優れた黒人の指導者たちに白人の血が入っているからだと説明する。つまり、黒人を「進歩」させたのは白人、というのである。

ただ、これはシモンズの個人的な信条というわけではなかった。シモンズからクランの代表の座を継いだエヴァンズも、一九二四年、シカゴの『デイリー・ニュース』紙の記者に、インタヴューでこう述べている。

われわれクランは、黒人を嫌っていると思うだろう。これほどの誤解はない。黒人はアメリカへ奴隷としてやってきた。われわれは喜んで、かれらの健康と幸福を増進していくための義務と誇りを負う。だが、同化はできない。大規模な黒人との結婚は考えていない。(アメリカ総人口のうち)一〇〇〇万人、およそ一〇人に一人が黒人である。かれらはアングロサクソンのレベルには到達しえないのである。

この白人と黒人との関係は、精神科医のロナルド・レインが『自己と他者』(志貴春彦、笠原嘉訳)(一九六一)で、「補完的アイデンティティ」と呼ぶところの相互補完性と理解できる。すなわち、レインによれば、「〈アイデンティティ〉にはすべて、他者が必要である。誰か他者との関係において、また、関係を通して、自己というアイデンティティは現実化される」という。母親というアイデンティティは子があってはじめて生じ、男性に妻がいると夫というアイデンティティが備わる、というわけである。

レインの、自己は「他者が充足させたり完成させたりする」もの、という論に立つならば、白人はアメリカ社会において、相対的に優位な立場を確認するために、補完項として劣位にある黒人を必要としたとみることができる。

クランは、黒人には融和的姿勢を示したが、他のマイノリティに対しては、黒人のそれとは異なる強硬な姿勢をとった。シモンズは、ユダヤ人、カトリック教徒、アジア人の移民は、「きっぱりと断る」と断言する。この姿勢はエヴァンズにも継承される。かれは先の『デイリー・ニュース』紙のインタヴューでこう答えている。

中国人と日本人をわが国の海岸線から追い出そうとしているのは、われわれが、かれらを目障りだと考えているからだと思うだろう。そうではないのだ。かれらは、われわれをダメにしてしまい、そして、われわれも、かれらをダメにしてしまうからである。われわれは、かれらを長年にわたり支援してきた。だが私は、啓蒙をうけた中国人と日本人が、そのことを理解しているかどうか、疑わしいと思っている。

エヴァンズはこのように語るものの、アジア人種に対しては「人類愛」にも似た同情をいだいていると述べている。しかし、アジア人種が「大河のごとく」押し寄せて来る「破壊的なまでの殺到」に対しては「行動」をとらねばならないという。その「行動」とは、移民の一時的な「完全停止」である。そして、ふたたび移民がアメリカに来ることがあるとすれば、それは賢明な移民政策を行う準備が整ったときであり、そのとき移民は、「認められて、歓迎されて、保護のもと」受け入れられるべきであると主張した。

シモンズとエヴァンズはそれぞれ、マイノリティに対しては寛容の姿勢を示しつつ、その実、本質主義に立って混血や同化は否定し、移民は「一時的」に拒絶しなければならないと主張した。かれらは異質者を排除することでアメリカニズムの護持を訴えたのであるが、しかし、クランが普段から黒人やマイノリティの排斥活動を実践していたのかといえば、実際のところ、そうではない。

まず指摘したいのは、第二期クランに限ってみれば、組織の活動が活発化するにつれて、同時代の黒人に対するリンチの件数は漸減しているという点である。第二期クランの最盛期、すなわち会員が数百万人を数えた一九二〇年代についてみても、リンチの被害による死者数は、一九二一年五九人、二二年五一人、二三年二九人、二四年一六人、二五年一七人、二六年二三人、二七年一六人、二八年一〇人、二九年七人、三〇年七人、と減少している。この集計は、黒人の伝統校タスキーギ大学の調査にもとづくため、白人側による過小な見積もりというわけではない。

では、いったい第二期クランは、どのような活動を行う組織であったのか。実のところ、近年、第二期クランが行っていた慈善活動に関心が集まっている。歴史学者の綾辺昌朋氏による論文「シヴィック・クラン――第二次クー・クラックス・クラン運動の再検討」によれば、第二期クランが行っていた慈善活動は四つに分類できるという。これについて、同時期にクランが発刊した各会報にも頼りながら、慈善団体としてのクランの一面を探ってみよう。

一点目に、隣人への慈善行為がある。「他者のために」をモットーに掲げた第二期クランは、良き市民として隣人の扶助を奨励した。各地のクランでは、さまざまな地域社会に根差した活動が行われた。たとえば、オクラホマ州のクランは、プロテスタント教徒のための病院の建設を宣言した。フロリダ州では、「赤ちゃんのミルク基金」の設立が宣言された。クランは貧困対策にも関わった。テキサス州では、身寄りのない孤児のために、「希望のコテージ」が寄贈された。

図28　ワシントンD.C.を行進する第二期クラン

ときにクランの慈善活動は、人種の分け

隔てなく行われた。アーカンソー州では、人種や肌の色、思想信条に関わりなく患者を診察する、新しい病院の建設が宣言された。フロリダ州では、火災で家を失った黒人一家を救うために一〇〇ドルが寄付された。カリフォルニア州では、黒人教会の修繕のために三五名のクランの会員が奉仕活動を行った。

二点目には、公教育の改善を訴える活動がある。一九二三年五月の会報『インペリアル・ナイトホーク』では、合衆国の地方の小学校教育が一五〇年前と変わらない時代遅れの状況にあることが指摘されている。そして、公立学校の施設・設備の拡充を求め、クランの会員にも、学校債の購入や資金援助を促した。

アーカンソー州では、公立学校建設のために、一二五〇ドルが寄付された。ヴァージニア州では地元のクランが建設を予定する学校のために四〇〇〇ドルの寄付が集まった。ニュージャージー州では、英語の読み書きを学びたい外国人向けの、無料の寄付講座が開講された。

三点目にクランが訴えたのは、法の厳正な執行であった。第二期クランは積極的に警察と連携した。フロリダ州では、自動車泥棒の犯人捜査のために一二五ドルが寄付された。テネシー州では、殺人事件の捜査のために、懸賞金五〇〇ドルが提供された。カリフォルニア州やイリノイ州では、違法酒や違法酒場の摘発にクランが協力した。

図29　第二期クランの幹部が住んだ豪邸（著者撮影）

四点目には、クランは積極的な政治参加を是とした。クランは同時代のアメリカ市民を「名ばかり市民」と呼び、みな良い政治を求めながら、選挙に参加していないと批判した。事実、一九二〇年の大統領選挙では、有権者の半数が棄権していた。クランは候補者についての情報収集とその情報の提供を行い、市民の啓発、ビラの配布、怠慢な議員や公務員の監視、市議会や教育委員会に報告を求めるなどの活動を通して、健全な民主主義の実現を目指した。

　これらクランの慈善活動についてみてみると、クランに入会した数百万人ものひとびとが、みな人種差別や排外主義だけを叫んでいたわけではないと知り、救われる思いがする。ただ、これらが本当に地に足が着いた活動であったのかは疑わしい。クランの会員数は一九二〇年代半ば、激減する。幹部による婦女暴行のスキャンダルが明るみに出て、また多額の金が幹部のもとへと流れ込んでいる実態が裁判で明らかになると、会員数はわずか三年で五万人にまで急減した。組織が地域社会に根差した活動を行っていたのであれば、これほどの会員が一気に活動を放棄するとは思えない。やはり第二期クランの慈善活動は、パフォーマンスの側面が強かったものと考えられる。

第二期クランの内実

では、第二期クランに集ったのはどのようなひとびとであったか。さきにも紹介したホーフスタッターは、クランの会員の性質について、「騙されやすいネイティヴィスト」と分析したが、たしかに第二期クランを論じる文献には、クランの会員は低学歴の労働者で、社会的ネットワークが希薄なひとびとであったと解釈するものが多い。

しかしながら、ジョージア州アセンズのクランを研究した歴史家ナンシー・マックリーンは、同地域のクランの職業について、牧師、法律家、医者、薬剤師、教師など専門職に就いている人が一九名、小規模事業者九五名、事務職従事者一一〇名、大工や林業従事者などの技術職関係者六八名、このほか労働者五二名、他二〇名との内訳を報告している。かれらの九二パーセントは既婚者で、三分の二に子供がおり、一世帯当たりの子供の数は三〜四人であったという。会員の多くは商工会議所やライオンズ・クラブの活動に参加して、ロータリー・クラブに所属している者もいた。

したがって、第二期クランは経済的に下層に分類される人たちの団体ではなかった。じつのところ、これには理由があった。というのも、第二期クランには「クリーグル」と呼ばれる会員勧誘を専門に行う組織が存在し、かれらが中間層を「いもづる式」に勧誘することで組織が急拡大していたからである。たとえば一九二一年の夏には二〇〇名以上のクリーグルが全米各地で勧誘活動を展開していた。

クリーグルを組織したのは、第二期クランでアドヴァイザーを務めていたエドワード・クラークとメアリー・タイラーであった。広告業やイヴェント運営を行っていたかれらは、新規に入会者があると、加入儀礼のために支払われる代金一〇ドルのうち四ドルを、勧誘を担当したクリーグルの取り分として与えた。このインセンティブは効果てきめんであった。

クリーグルたちは勧誘活動を効率的に行うために、既存のさまざまな社会組織の幹部に近づいた。そして、組織の幹部を無料でクランの会員に招待する見返りとして、その幹部が握る人脈を頼りに勧誘の網を広げていった。たとえば、クリーグルは日曜礼拝で、牧師の説教につづいてクランを紹介し、いわば牧師のお墨付きをえながら教会員を勧誘した。教会だけでなく、赤十字、反酒場同盟、救世軍、軍需工場協議会などの組織に潜り込み、フリーメイソン、エルク、オッド・フェローズ、オレンジ党員といった、既存の秘密結社の人脈も活用した。地域のコミュニティのネットワークも重要な人脈であった。このような他の組織から会員を誘導する勧誘手法は「アフィリエイト作戦」と呼ばれた。実際、クランの会員のうち、五〇万人は同時にフリーメイソンの会員でもあったとみられている。専門職として活躍する中間層の市民がクランに集った理由は、勧誘活動がこのような既存のネットワークを活用して行われていたことによる。そして、クランが短期間で数百万もの会員を集めた理由も、これら特殊な勧誘手法に依るところが大きい。

今日、クランは白人至上主義を唱える極右集団と理解されているが、第二期クランには中間層が集い、社会活動に精を出す慈善団体の一面があった。だが、巨大な組織がわずか数年で崩壊した点に注目すると、第二期クランの社会活動にどれほどの実態があったのか、また、その社会的影響力がどれほどのものであったのか、疑わしい。第二期クランとは、アメリカニズムの幻想のもとにひとびとが集った、架空の巨大結社だったのではないだろうか。

第7章　マッカーシズムから現代へ

「赤の恐怖」とマッカーシズム

ウィスコンシン州選出の共和党上院議員ジョゼフ・マッカーシーが巻き起こしたマッカーシー旋風、いわゆる「マッカーシズム」は、一九五〇年二月九日、ウェストヴァージニア州ホイーリングの共和党婦人クラブでマッカーシーが行った演説が発端となった。

マッカーシーは、冷戦下、共産主義陣営が破竹の勢いで勝利を収めるいっぽう、アメリカは後退の途にあるとの認識に立ち、偉大な民主主義を崩壊させる敵は外部ではなく内部にいると訴えた。そして、国務省内に「裏切り者」がいる、自身の手には省内にいる「二〇五人の共産主義者のリスト」がある、と衝撃発言を行った。敵はモスクワにあらず、ワシントンにあり、と訴えたのである。

ちょうど、一九四九年八月、ソ連はセミパラチンスクで核実験に成功しており、また、東アジアでは一九四九年一〇月、内戦下の中国で共産党のもと中華人民共和国の樹立が宣言されたばかりであった。ソ連の原爆保有と中国革命の二重の衝撃にくわえて、アメリカ国内では、元国務省の役人だったアルジャー・ヒスが、ソ連に「極秘資料」を渡した疑いで裁判にかけられ、トルーマン大統領と国務長官のディーン・アチソンがヒスを擁護したことから、国民の不信感が高まっていた。

マッカーシーは、言葉巧みに国民の不安感をくすぐった。すなわち、「国家の非常に手厚い待遇を受けてきたひとびと」の裏切り行為によって、国務省内に共産主義がはびこっている、と煽《あお》り立てたのである。マッカーシー自らは、悪を暴く善の側に身を置きながら、国務長官のディーン・アチソンを筆頭に、国務省、合衆国陸軍、さらにトルーマン大統領にまで攻撃の矛先を向けた。

マッカーシーの告発はアメリカ中をパニックに陥《おとしい》れた。査問委員会で告発するマッカーシーの姿は、テレビで中継され、それを二〇〇〇万人の視聴者が見守った。かれは国民のあいだに広がる恐怖心や反共感情、さらに反エリート感情を背景に支持をえた。だが、かれの告発はエスカレートし、攻撃の矛先を陸軍や大統領にまで向けたことで、行き過ぎた告発が孤立を招き、結果、返り討ちを食らう。一九五四年一二月、上院はマッカーシーの譴責《けんせき》決議を可決し、マッカーシーは失脚する。

マッカーシズムは、アメリカの反共感情が極端なかたちで発露した現象であった。その源流は、ロシア革命が勃発した一九一七年、アメリカ国内で高ま

図30　ジョゼフ・マッカーシー議員

った「赤の恐怖」に行き着く。一九一七年、ウィルソン大統領がドイツへ宣戦を布告すると、国民の徴兵がはじまり、二四〇〇万人が徴兵委員会の登録を受け、四八〇万人が入隊、二〇〇万人がフランスで戦った。国内では「ジョニーよ、銃をとれ」と歌う流行歌『オーヴァー・ゼアー』が大ヒットして、政府は実業界と結束を固め、戦時下での協力体制を確立した。

第一次大戦の戦時下、「敵」とみなされたのはドイツ兵だけではなかった。ウィルソン大統領は、「われわれの邪魔をしようとしている者に災いあれ」と警告し、あらゆる平和主義者、良心的兵役拒否者、社会主義者、急進的な労働組合員などを敵視した。一九一七年に防諜法を、一九一八年には治安法を導入し、この法律を根拠に起訴された人の数は二〇〇〇人以上にのぼった。

さらに市井では、アメリカ保護協会やアメリカ防衛協会などが監視の目を光らせて、町に割り当てられた戦時公債を買わない者を「怠け者」と責め立てた。ドイツ語の使用は禁止され、ドイツ語の音楽や本も排斥されて、ドイツ人労働者がリンチにあうこともあった。

一九一九年九月、鉄鋼業界で三五万人規模のストライキが発生すると、ウィルソン大統領は国外の脅威を急進派が結集した結果だと非難した。「赤の恐怖」は、一九二〇年一月、ミッチェル・パーマー司法長官が強制捜査を命じたことで頂点に達する。捜査令状なしに、政府機関、集会場、賭博場や家屋に捜査員が押し入り、四〇〇〇人が投獄され、五五〇人が国外追放された。この時代、反ドイツ感情は反共感情と結びつき、アメリカニズムに賛同しない者はみな、ドイツ寄り、かつボルシェヴィキ支持者とみなされた。

反共感情がふたたびアメリカ社会に影を落とすのは、第二次世界大戦後のことである。一九四五年三月、雑誌『アメラシア』の編集事務所に入った捜査員が、機密扱いの政府の文書を発見した。時機をみて、ソ連がカナダでスパイ活動を行っている疑惑が報告された。この二点は、一九四八年八月、国務省の元高官、アルジャー・ヒスを軸にして結びつけられる。かれはソ連に「極秘資料」を渡したとして告発をうけ、一九五〇年一月、懲役五年を言い渡された。

トルーマン政権は一九四七年、合衆国政府で働く三〇〇万人を超える公務員に、国家への「忠誠」をただす審査を命じ、一九五〇年には「危険人物」とみなされた人の解雇に踏み切る。結果、解雇されたのは二一二人だが、二〇〇〇人以上が辞職することとなった。一九一〇月にはハリウッドで活躍する著名な脚本家、プロデューサー、監督、俳優など一九人が喚問を受け、証言を拒否した一〇人、いわゆる「ハリウッド・テン」に実刑が言い渡された。

「赤の恐怖」は一九四〇年代の後半から五〇年代前半にかけて、アメリカ中に蔓延した。

この反共ヒステリーを決定的に高めたのは、ソ連の存在や冷戦による直接的な影響よりも、アメリカ国内に広まった不安感や猜疑心を利用しようとした、アメリカ人自身であったのではなかろうか。

政府機関、PTA、労働組合にいたるまで、組織内で敵対する相手に「アカ」のレッテルを貼り、信用を失墜させることが横行した。統一自動車労働組合では、対立候補を「アカ」呼ばわりしたウォルター・ルーサーが委員長の座を勝ち取った。マッカーシー旋風も、政権奪取を目指す共和党が、なかば利用した節がある。かれの告発により、ローズヴェルト以来、政権の座を占めてきた民主党を攻撃する好材料が揃い、結果、共和党は一九五二年の大統領選挙で、二〇年ぶりに勝利して、ドワイト・アイゼンハワー政権が誕生した。

公民権運動と差別是正措置

共産主義の台頭と第二次大戦後の冷戦は、マッカーシズムの要因となったが、いっぽうこれらは、アメリカ国内の人種間の差別的状況を是正する外圧にもなった。

第二次大戦中、中国はアメリカと並び連合国側に立って戦っていたものの、中国からの移民は全面的に禁止されたままで、中国系移民の第一世代には市民権が付与されていなかった。これは、一九四三年一二月に撤廃されるが、アメリカにはなお、黒人差別などの人種問題が根強く残っていた。

一九五四年、黒人差別の状況に転機が訪れる。カンザス州に住むリンダ・ブラウンという黒人の少女が、家の近くの白人だけが通う小学校への入学を求めて提訴した結果、最高裁は公教育における人種隔離は違憲との判断を示したのである。この判決は公民権を訴える南部の黒人に大きな希望をもたらした。

図31　キング牧師が暗殺されたモーテル（著者撮影）

一九五五年一二月には、アラバマ州モンゴメリーでバス・ボイコット運動が起こる。運動の中心で活躍したのは、あのマーティン・ルーサー・キング・ジュニアであった。黒人の差別撤廃運動は全国へ波及し、一九六〇年二月には、ノースカロライナ州で黒人による人種差別反対の座り込み運動がはじまる。奴隷解放宣言の発表から一〇〇年の節目にあたる一九六三年八月、仕事と自由のためのワシントン大行進が計画されて、公民権運動に関わるあらゆる団体がワシントンに集結した。

その規模は二五万人にもふくらんだ。

時の大統領ジョン・F・ケネディは、公民権に理解を示し、公民権法の成立を目指すが、そのさなかの一九六三年一一月二二日、ダラスで凶弾に倒れ、公民権法の制定は副大統領から昇格したリンドン・ジョンソンに託される。ケネディの遺志を継いだジョンソンは、下院と上院での可決と承認を経た同法に、一九六四年七月に署名し、公民権法が成立する。

また、ジョンソン大統領は一九六五年、移民法を見直し、一九二四年に導入した国別割り当て制度を廃止して、移民政策においても特定の人種や民族の差別を撤廃した。そして、年間の移民受け入れの総枠を、東半球から一七万人、西半球から一二万人に定めるとともに、各国からの移民の上限を二万人とし、米国市民の親族や特定の職業に従事する移民を優先して受け入れることを決めた。一九六五年に制定された移民法と改正移民国籍法は、一九六八年七月に発効する。

ジョンソン大統領はさらに、行政命令一一二四六号を発して、積極的差別是正措置、いわゆる「アファーマティブ・アクション」を命じる。これは、連邦政府と一定額の契約関係を結ぶ企業に対して、人種、宗教、肌の色、出身地の別なく雇用することを義務づけたもので、二年後にはこれに性別もくわえられた。また、一九七〇年代までに、マイノリティが実際にどれほど雇用されているか、数値の提出を求め、これに関する年次計画の策定を課した。

ただ、アファーマティブ・アクションには、白人に対する逆差別であるとか、逆説的に白人の主流文化を是認する制度である、といった異論が出されて、一九九〇年代には見直す動きが出はじめる。たとえば、カリフォルニア大学は入学者に対してアファーマティブ・アクションを導入してきたが、一九九五年、これの廃止を決定する。カリフォルニアでは翌年、住民投票によって、州の公共業務に関わる組織で行われていたアファーマティブ・アクションの廃止が決定された。この流れは、他州や他大学にも広がりをみせた。

アファーマティブ・アクションの是非を問うことは、アメリカが追求する人種・エスニシティ関係の理想像を模索することでもある。アメリカは一九世紀に主流であった、アングロ・コンフォーミティへの同化圧力から、二〇世紀には「るつぼ理論」、そして文化的多元主義（カルチュラル・プルーラリズム）、あるいは多文化主義（マルチカルチュラリズム）と、理想とすべき人種・エスニシティ関係を模索してきた。

文化的多元主義は、ホスト社会であるアメリカの環境に合わせて、エスニック・グループが持ち込んだ文化・生活様式をゆるやかに変える立場であるが、いっぽうの多文化主義は、ホスト社会であるアメリカの環境に先んじて、まずエスニック・グループの文化・生活様式を第一義的文化とし、ホスト社会を想定せず、すべての文化を相対的に位置づける立場に立つ。すなわち、文化的多元主義はエスニック・グループを包括する共通の枠組みを考えるが、多文化主義はエスニック・グループの独自性を強調する点で異なる。

カナダやオーストラリアと異なり、アメリカは多文化主義を国是としているわけではない。しかし、一九八〇年代の後半より、多文化主義に立つ教育が導入される動きもみられた。これは、公民権法の制定後、かなりの歳月が経過しても、なお白人系アメリカ人と比べて、エスニック・マイノリティの社会的地位が低いという実状に照らして、「多文化教育」によって改善を図ろうとするものであった。

ただ、多文化主義には批判も多い。たとえばアーサー・シュレージンジャー・ジュニアは、共通のアイデンティティに対する攻撃はアメリカ社会の統一を脅かす、と批判した。また、ディネシュ・ドゥスーザは、多文化教育について、マイノリティの過大な要求であり、アメリカの大学教育における教養科目を「リベラル」（自由）から「イリベラル」（不自由）な教育へと変えてしまっている、と非難した。

エスニック・グループをめぐるこのような議論は、まず議論の軸を個人に据えるか、あるいはエスニシティ（民族集団）に据えるかで、考え方が分かれる。マイノリティの同化について論じたミルトン・ゴードンは、個人を軸にする考えを「リベラル多元主義」と呼んだ。これは、個人主義の伝統にのっとり、機会の平等のうえで、個人はその努力によって評価されるべきという考え方に立つ。他方、人種やエスニック・グループを基準に据える考え方は「コーポレイト多元主義」と呼ばれる。この考え方は、マイノリティの人種やエスニシティは歴史的に差別を受けてきており、不平等な構造が存在するため、差別を積極的に是正する必要があるとの認識に立つもので、アファーマティブ・アクション肯定に結びつく考えである。

アメリカは伝統的に、個人を軸とする「リベラル多元主義」を是としてきた。ただ、マイノリティをめぐる不平等な構造が根強く残っていることも確かであり、個人主義や能力主義に立つだけでは、白人偏重の社会構造は容易には改まらない。アメリカが建国以来掲げていたモットー、「多様の統一」をいかに実現するか、いまなお模索は続いている。

雇用の調整弁としてのメキシコ系移民

アメリカでは二〇〇〇年頃より、「ヒスパニック」や「ラティーノ」と呼ばれる、ラテン・アメリカ出身の移民とその子孫が急増し、この問題が広く関心を呼んでいる。二〇〇〇年の国勢調査では、ヒスパニック系の人口は三五三〇万人と報告され、過去一〇年間で五八パーセントもの増加が確認された。

従来、アメリカのマイノリティはアフリカ系が多数派を占めてきた。しかし、二〇〇〇年の国勢調査で、ヒスパニック系がアフリカ系の数を上回り、米国最大のマイノリティに台頭した。その数はさらに増加し、二〇一〇年の国勢調査では、五〇〇〇万人を超えて、アメリカの全人口の一六・三パーセントを占めるにいたっている。

ヒスパニック人口は移民によって急増した。ヒスパニックは出生率が高いことで知られるが、二〇〇〇年の時点で、ヒスパニック人口の五一パーセントが外国生まれであった。ヒスパニック系のうち、出自を国別にみると、最大は三一〇〇万人のメキシコ系で、全体の六三パーセントを占める。二〇〇〇年の国勢調査では二〇〇〇万人であったため、一〇年間で約一一〇〇万人増加したことになる。

アメリカとメキシコは国境が陸つづきであるばかりか、歴史的にも両者の関係は深い。アメリカの南西部、テキサス、ニューメキシコ、アリゾナ、ネヴァダ、カリフォルニアの各州は、一九世紀なかば、アメリカ・メキシコ戦争でアメリカに割譲された。これらメキシコ近隣の州は、いまでもヒスパニック系の人口割合が州人口の二五パーセントを占め、エスニック・マイノリティのなかでヒスパニック系は最多である。

一九二四年の「移民法」で、南欧、東欧、アジアからの移民は制限、あるいは拒否されたが、メキシコ系には、アメリカ国内で不足する労働力の補塡が期待されていたため、メキシコからの移民は制限の対象とはならなかった。かれらは実際、カリフォルニアの農場や建設現場などで活躍した。一九二八年のテキサス州をみると、州の建設現場で働く人の七五パーセントがメキシコ系労働者であった。メキシコ系移民たちは、アメリカの移民制限の政策を陰で支えていたのである。

図32　ミシシッピ州の綿花農園で働くメキシコから来た契約季節労働者（1939年）

第二次大戦が終わると、アメリカはメキシコ政府と移民協定「ブラセロ計画」を結び、二〇年間にわたり、メキシコ系の季節労働者を合法移民として受け入れてきた。メキシコ系移民は、アメリカの経済的な浮き沈みの大波を吸収する、都合のよい雇用の調整弁として利用されつづけたわけである。ただ、アメリカとメキシコのあいだには五倍の給与格差があり、第一期、第二期のブラセロ計画で、四五〇万人がアメリカに入国し、本国への送金額は二億ドル以上にのぼった点も見逃すべきではないだろう。

一九六五年、改正移民国籍法が導入され、メキシコ系移民が制限されるようになると、「不法移民」にふるい分けられる人が急増する。この頃、メキシコでの日給は、カリフォルニア州での一時間あたりの給与（時給）よりも少なかった。このような理由もあり、不法移民は絶えず流入した。一九八六年、「移民改正および管理法」の成立で、米国に五年以上滞在する不法労働者に合法移民の資格付与が認められる。だが、もともと水面下で働いてきた不法労働者である。労働期間を証明する書類の準備は容易なことではなかった。

公民権運動が盛り上がりをみせると、カリフォルニア州でもバイリンガル教育などの多文化主義政策が導入された。だが、一九九〇年代以後、この方針を見直す動きが活発化する。住民投票で、移民向けの非緊急医療、社会福祉などの公的サーヴィス、公教育を禁止する「提案一八七号」と、アファーマティブ・アクションの廃止を求める「提案二〇九号」が可決されたのである。以後、メキシコ系不法移民に対する風当たりは、ますます強くなる。

メキシコ政府は二〇〇五年、「海外在住メキシコ人センター」を設立し、アメリカのバイリンガル教育に年間一〇〇万ドルの寄付をはじめた。メキシコ政府にとってアメリカへの移民は、国内の失業対策の意味合いもあり、アメリカでの締め付けは看過できないとの判断があった。また、メキシコの外貨獲得はアメリカからの送金が頼みであった。メキシコの観光産業による外貨収入はおおむね九〇億ドル程度であるが、アメリカからの送金額は二〇〇七年二七一億ドル、二〇〇九年には二一二億ドルと二倍を超えている。豊かさを求めるひとびとの情熱を、果たして「トランプの壁」は食い止めることができるのであろうか。

ネオコン、ティーパーティー運動、オルトライトとスティーヴン・バノン

現代のアメリカでは、保守主義が定期的にさまざまなかたちで盛り上がりをみせる。二〇〇一年の同時多発テロをきっかけに、ジョージ・W・ブッシュ政権内で勢いづいたのは、「ネオコン」と呼ばれる新保守主義（ネオ・コンサバティズム）の動きであった。新保守主義そのものは新しいものではない。源流は一九三〇年代の反ニューディール、あるいは第二次世界大戦の前後にさかのぼるとの見方もある。一九八〇年代のロナルド・レーガン政権で存在感を示し、広く知られるようになった。

先述のように同時多発テロを契機に、アメリカでにわかに新保守主義の動きに注目が集まり、ネオコンという呼称が世間に広まった。ブッシュ政権の国家安全保障会議（NSC）に強い影響力をもつとされた保守系シンクタンク「アメリカン・エンタープライズ研究所」は、いわばネオコンの「巣窟」のように目されて、その政策提言に世界の関心が集まった。

当時、一般にネオコンはブッシュ政権の強硬な対外姿勢を支持したため、「タカ派」と同一視されていた。だが、その主張は軍事戦略面に限られたわけではない。新自由主義とは親和的で、小さな政府を是とし、規制緩和と社会福祉の見直しを求め、グローバリゼーションにも肯定的であった。キリスト教の福音派や原理主義者との関係が指摘されることもあり、妊娠中絶の合法化や同性愛の容認といった、あたらしい道徳的価値観には反対した。

二〇〇九年、バラク・オバマが大統領に就任し、二期ぶりに民主党政権が誕生すると、保守主義にも新たな波が生じた。草の根の政治運動「ティーパーティー」がにわかに勢いづいたのである。

ティーパーティーという呼称は、もちろん独立戦争のきっかけとなった、ボストン茶会事件（ボストン・ティーパーティー）にちなんでいる。二〇〇九年から盛り上がりをみたティーパーティーは、財政支出と政府による経済活動への介入に反対する運動であった。オバマ政権は「リーマンショック」とその余波を受けた経済不況に対し、金融機関や大企業の救済策、巨額の財政支出をともなう景気刺激策を打ち出し、さらにオバマ政権の目玉政策である健康保険改革を掲げたが、反対派の声は予想を上回る勢いで高まった。

ティーパーティー運動の発端は、オバマ政権が誕生して間もない二〇〇九年の二月一九日、ビジネスニュース・チャンネル「ＣＮＢＣ」の番組内で、シカゴ商品取引所からの中継を担当したリック・サンテリの呼びかけだった。中継でサンテリは、オバマ大統領が進めるリーマンショック対策の住宅ローン施策について、「政府は悪いことを推し進めている」と切り出し、周囲の証券マンに向かって、「誰かご近所のたくさん便所がある家の借金を肩代わりしようって奴はいるか」と問いかけて、冗談交じりに、七月に「シカゴ・ティーパーティー」を開こうと呼びかけた。この提案に、周囲にいた証券マンは仕事の手を休め、指笛を鳴らして賛意を示した。

サンテリのこの提案は、「サンテリの叫び」として知られる。賛同者がウェブサイトを立ち上げたこともあり、この運動は「ツイッター」、「フェイスブック」などのソーシャルメディアや「ユーチューブ」などのウェブメディアを中心に草の根レベルで広がった。ティーパーティー運動の特徴は、特定のリーダーや強力な全国組織が中心にあるわけではなく、全米各地に散らばる小さな主体がゆるやかに運動を進めている点にある。

『ワシントン・ポスト』が二〇一〇年一〇月に行った調査では、全国に六四七ある同運動の関連団体のうち、半数が会員数五〇名以下で、一〇〇名以上の会員がいる団体は全体の六パーセントであった。また九割ちかい団体がおもに地元の地域で活動し、そのおおくが政治運動の素人ながら、現状の政治に不満を抱いて立ち上がったひとびとであった。構成員の学歴、年収ともさまざまで、中・下層に限られるわけではない。

ティーパーティー運動の関心は、外交ではなく内政に向いている。小さな政府の追求と反エスタブリッシュメントを共通項としているが、各団体にはそれぞれ独自の主張がある。たとえば人種問題についてみると、「ティーパーティー・パトリオッツ」、「ティーパーティー・ネイション」など全国規模の大きな組織は、人種主義や白人至上主義を否定するが、小さな組織のなかには人種主義を支持したり、理解を示したりする組織もみられる。ただ、保守系の運動ではあるものの、ティーパーティーの目標はなにより政府の役割の縮小や税の引き下げ、予算削減などにあり、排外主義や人種主義などの主張は、あくまでも付随的なものと理解すべきであろう。

二〇一六年の大統領選挙では、新興右翼、「オルタナティブ・ライト」に注目が集まった。「オルトライト」「オルタナライト」とも略称されるこの新興勢力は、旧来の保守主義と一線を画する、新興の反体制派の右派イデオロギーを指し、政治哲学者ポール・ゴットフライドが二〇〇八年、命名したといわれている。なかでも注目を集めたのは、先の大統領選挙で「オルトライトの親玉」と報じられた、インターネット・メディア「ブライトバート・ニュース」の創設者の一人、スティーヴン・バノンである。

バノンは一九五三年、ヴァージニア州生まれ。両親は、アイリッシュ系の移民の末裔で、家庭は労働者階級に属していた。ヴァージニア州は、南北戦争で奴隷制を支持した「南部連合」に加わった州のひとつである。伝統的に共和党支持者の多い州だが、バノンの両親は民主党支持者で、ケネディ大統領の信奉者でもあった。したがって、バノンの思想に、両親や家柄の影響があったとは考えにくい。

バノンが右派思想に影響されたのは、おそらく大学在学中のことと思われる。かれは、一九七〇年代半ば、地元のヴァージニア工科大学に進学する。その後、バノンは海軍に従軍し、在外派遣を経て帰国し、名門ジョージタウン大学の大学院で外交政策を学んだ。このあとさらに、ハーヴァード・ビジネススクールでMBAの学位を取得し、以後、実業界を渡り歩く。

図33　スティーヴン・バノン

民主党派のケネディ支持者の家庭に育ったバノンは、ヴァージニア工科大学で都市計画を学んだが、そのかれがなぜ、海軍を志願したのか。

じつは、ヴァージニア工科大学は、軍事教育課程で知られる州立の総合大学であった。大学で開設されている軍事教育課程のなかでも、同校は全米に六校しかない上級軍事大学の一校で、軍事教育課程にはとくに力を入れていた。バノンが在学した七〇年代半ばは、ちょうどヴェトナム戦争の末期に当たる。州立大学には、入隊を条件に学費減免を受ける労働者階級出身の学生も多かった。したがって、当時の時代状況と大学の環境とが、かれの思想に影響を与えた可能性は指摘できるだろう。

バノンは、二〇〇七年からブライトバート・ニュースを共同で立ち上げて、政治主張を報道しはじめる。「右翼」とは一般に、「左翼」と対置される存在と理解されている。だが、新興右派のオルトライトの主張は、白人ナショナリズムや排外主義、反ユダヤ、反イスラム、反フェミニズム、同性愛嫌悪などにわたり、主流派の右派をも敵視する、対抗的な右翼に位置づけられる。

オルトライトはもともと、インターネット上で意見を交わす、仮想空間に集うひとびとであった。ブライトバード・ニュースは、そのかれらの声を集約、代弁し、巧みに政治的意見へと組み立てていった。

ただ、バノン自身が生粋のオルトライトかといえば、そうではない。本人もきっぱりと、オルトライトではないと明言している。筆者も、むしろバノンは、かれらの感情を政治的意見として集約することができる、マクロ的な視野をもった人物ではないかと考えている。

バノンは、トランプ候補の選挙参謀を務めていた二〇一六年八月、ある共和党大会で、

「われわれはオルトライトの受け皿」だと発言したことがある。ただ、バノンをオルトライトの代弁者とみるだけでは、捉え方を誤ることになるだろう。おそらくバノンは、オルトライトを、国民感情のわかりやすい指標の一端と捉えていたのではないだろうか。

そもそも、猛烈な逆風を突っ切ってトランプを大統領に当選させる手腕に、大局観がないはずがない。人心を読み、時代を見極め、策をめぐらし、賭けに出て、図太く巻き上げる。卓越した駆け引きのセンスなしに、ホワイトハウスは奪えない。ただ愚痴を言っているだけでは、大統領にはなれないのである。

選挙期間中、既存のメディアはこぞってトランプを馬鹿にしてきた。日本の大手テレビ局も、トランプ発言の字幕には小馬鹿にした訳語を当ててきた。だがトランプ陣営は、このトランプを見下す姿勢こそが、既存のメディアや既得権益者の慢心の表れであり、これらと結びつく白亜の殿堂の奥深い闇と、トランプ候補とを切り離す決定的な材料になることを、よく理解していたのであろう。バノンの強みは、右派の心情、ビジネスセンス、メディア事情、このいずれをも熟知して、たくみにマネジメントできる点にある。

先の選挙は、いわば「政治家」と「政治屋」による、ホワイトハウス攻防戦であった。両陣営はこぞって相手方を「政治屋」だと批判するが、どうも胡散臭《うさんくさ》いトランプと、金権まみれのクリントンと、どちらが「政治家」でどちらが「政治屋」か、判断を下せる人はいないだろう。ただ、オルトライトの心情を理解するバノンひきいるトランプ陣営が、アメリカの世情をより冷静に見極めていたことは、大統領選挙の結果からも明らかである。

終章　トランプ時代の「大きな物語」

排除運動の理論と特質

人は誰でも、他者に優しくありたいと思う。それは、人類みな誰もが共有する価値観であろう。それゆえ、他者を排斥し、利己的主張を展開する排外主義運動は、本来、嫌悪の対象となる。排外運動の参加者と外部の者とのあいだには、つねに大きな温度差と溝がある。そして、排外主義を唱える集団は、常人の理解を超えた「異常」な集団、学問の対象とすることすらはばかられるような集団、と考えられがちである。アメリカ史の「正史」にクランがほとんど登場しないのも、密かにこのような認識があるからではないだろうか。

だが、排外主義の歴史的文脈を追うと、排除を唱える集団が抱える理屈や、その背後にあるさまざまな要因が浮かび上がる。社会集団は、地域、宗教、民族、人種、文化、世代など、さまざまな差異によって成立するが、なんらかの要因で集団間の境界線や力学関係に揺らぎが生じると、それに不満を抱くひとびとの間で確執が生じる。排除を唱える運動は、このような集団内の不満が集約される過程で成立する。ただ、その原因や大規模化した経緯はさまざまであった。

本書では、それぞれの排除現象の背後にある社会的要因を個別に検討してきたが、その総括を行うまえに、まず排除のメカニズムを説明するいくつかの理論について確認しておきたい。先行する研究としては、人類学、現代思想、社会学のものが参考になるだろう。人類学のスケープゴートは、ジェームズ・フレイザーが『金枝篇』で紹介した排除を説明する理論である。社会秩序が危機に瀕したとき、共同体は自然発生的に犠牲者を産出し、秩序の外へと追放することで、社会秩序の回復と安定を確保すると説明される。

哲学者の今村仁司氏は、フレイザーのスケープゴート理論に思想家ルネ・ジラールの考察を交え、排除のメカニズムについてこのように説明する。共同体において差異の体系が崩れると、秩序は崩壊し、カオス状態となる。同質化した状況で個々が自己同一性を保つためには、あらたな差異が必要になる。そこで、共同体の外縁部にある者が、象徴的な生《いけ》贄《にえ》として「排除」されるという。

イギリスの社会学者ジョック・ヤングは、著書『排除型社会』で、排除型社会が出現した経緯をこう説明する。一九六〇年代から七〇年代にかけて、アメリカで個人主義が台頭すると、コミュニティや家庭に排除の空間が現れる。一九八〇年代から九〇年代にかけて、労働市場が再編されて、構造失業者が発生すると、この排除空間は個人から社会へと拡大する。排除型社会は、その結果、出現した。ヤングによれば、近代はもともと同化と結合にもとづく社会であった。だが「後期近代」にいたると、社会は分離と排除にもとづくものへと変化した。ヤングはこの変化を、「包摂型社会から排除型社会への移行」と読み解く。

社会学者の樋口直人氏は『日本型排外主義——在特会・外国人参政権・東アジア地政学』において、排除を社会運動と捉えて、その運動の生成メカニズムをつぎのように分類する。

(1)大衆社会論　社会運動の発生因を「不安」に求める古典的学説。不安が不満に変わり、それが組織化されて運動へと発展する、と説明するもので、不安が生じる背後に、前提として大衆社会の存在がある。ハンナ・アーレントの『全体主義の起原』もこの大衆理論に含まれる。

(2)競合論　不安の発生を大衆社会ではなく移民に求める説。移民によって生じる文化的・経済的・政治的競合がマジョリティの生活を脅かすとの理解に立ち、不満が生じ、それが排除運動の参加に結実すると説明する。

(3)資源動員論　動員構造から社会運動を捉えようとする理論。資源動員論では、社会運動が発生するためのコスト面が重視される。大衆を社会運動に動員し、組織化するためには多大なコストを要する。したがって、運動に先立ち、インターネットや新しいコミュニケーション手段などの動員構造が必要だと考える。

本書で取り上げる排外現象を考察するとき、これら先行研究はいずれも重要な分析の視点を与えてくれる。ただ本書の目的は、特定の理論をもちいて、歴史的事象を検証する点にあるわけではない。また、アメリカの排外主義を特徴づけるあらたな理論の構築にあるわけでもない。むしろ筆者の関心は、排外現象それぞれの個別性を探ろうという点にあった。現代の排外主義と向き合う場合、このような姿勢が必要だと著者は考えるからである。

このような考えに立ちながら、本論では排除を唱える運動の特質を探ってきた。ここで各章の議論をまとめると、つぎのようになるだろう。

まず、「急拡大」は排外運動の特徴の一つであった。ノウ・ナッシング、第一期クランおよび第二期クランは短期間で数十万〜数百万人規模の運動に発展した。だが、いずれのケースも、急拡大の背後に既成の組織の存在があり、その組織の会員を横滑りさせる要領で取り込んで、組織は急拡大した。たとえばノウ・ナッシングは第二次政党政治に対する不信を背景に、ホイッグ党支持者の受け皿となったことで、組織は数カ月ほどで一〇〇万人規模に膨れ上がった。第一期クランは、旧南部連合軍の元従軍兵士による秘密結社であった。敗戦後、公的権利をはく奪され、窮地に立たされたかれらは、黒人らに対抗する目的でクランに集った。第二期クランは「アフィリエイト作戦」を展開し、フリーメイソンや地域のプロテスタント系教会の会員を取り込んでいった。勧誘員には見返りがあり、さながらネズミ講のような強力な勧誘網が組織の拡大を後押しした。

これらの運動にくわえて、セイラムの魔女狩りや、禁酒法の成立にも通じる点として、運動の推進力にひとびとの「不満」があった点も指摘できよう。セイラムの魔女狩りは世代間と地域間の格差、ノウ・ナッシングは政党政治への不信、第一期クランは旧南部連合兵士がおかれた窮状、禁酒法も一説では地域間の格差に一因があった。この不満が外部の「敵」を想定すると、排外論が盛り上がる。他方、禁酒法やマッカーシズムが想定したのは、内部の「敵」であった。ただ、不満が解消されると運動は終息する。不満が解消されなくても、効果の薄い運動は下火になる。したがって、不満に起因する運動は短命である。

たしかに急拡大した運動は、そろって「短期消滅」している。ノウ・ナッシングは奴隷制をめぐって内部分裂し、一年足らずで崩壊した。第一期クランは南部諸州の連邦復帰を境に終息し、活動期間は五年程度であった。第二期クランは幹部の不祥事が明るみに出ると、組織は一気に弱体化した。

いっぽう、「長期化」するパターンもあった。禁酒法や移民制限法は、法制化されたことで長期間、継続した例である。とくに移民制限法は、人種理論や進化思想などの科学的説明が法制化を後押しした。また、多数の組織や結社が、継続的に移民の受け入れと排除

図34　カリフォルニア州で「壁」の試作品の説明を受けるトランプ大統領

をめぐり、さまざまな主張を繰り広げていた点も紹介した。

排外論は、原因と主張の結びつきが不明瞭になりがちである。それゆえ、たとえばスティーブン・ミラーが唱えた万能壁としての「トランプの壁」のように、排外論は非合理的主張や感情論と親和性がある。運動が組織化されて規模が拡大すると、原因と排外的主張とは切断され、根本的な原因が見えにくくなる。その結果、解決は困難となり、集団はより過激な主張や手段に頼ることになる。

二一世紀、「トランプ時代」を迎えて、排外主義が世界的な潮流となりつつある現代、もはや排外論は一部の過激派が唱える「異常」な主張ではなくなりつつある。排外論の声が引き起こす問題の「解決」は容易ではない。しかし、アメリカの排外運動の歴史をたどるなかで、その背後にある多層的で多様な要因と、その要因が複雑な経緯を経て表出するメカニズムとが確認できた。この排除運動を立体的に捉える視野に、「理解」の地平と「解決」の糸口が宿っているように思う。

ヨーロッパの排外主義の潮流

アメリカに比べ、歴史の長いヨーロッパでは、排外主義も複雑である。すでに中世からあったユダヤ人差別、十字軍による反イスラム運動、異端審問、近代の人種主義、植民地主義にみられる排外主義などが、ヨーロッパ中心主義の一面をかたち作ってきた。

他方で、ヨーロッパには反排外主義の潮流もみられる。第二次世界大戦の反省に立ちながら、各国が連帯して国際協調をはかり、EUに象徴されるように経済的な統合から政治的な統合を目指してきた。この排外主義とEUの理念とが、いまヨーロッパを二分しているといえる。

島国という地理的性質が特徴的なイギリスは、二〇一六年六月二三日に実施された国民投票で、当初の予想に反し、EU離脱派が僅差で勝利して、世界に激震が走った。独立を主導した「イギリス独立党」は、「置き去りにされた」ひとびとに「主権を取り戻す」と訴えて人心を捉えた。このメッセージはトランプの選挙演説でも繰り返されている。

当時のイギリス独立党のファラージ党首は「イギリス独立の夜が明けた」と宣言したが、イギリス国内ではメイ首相の統率力の問題、離脱派の足並みの乱れ、スコットランドの独立運動の活発化、通貨ポンドの下落やEU離脱交渉の不透明感などが取り沙汰されて、いまだ「独立」の夜は明けきっていない。

大陸に目を転じると、多くの移民を受け入れてきたドイツは、二〇一六年三月、三つの州議会選挙において、二〇一三年に結成されたばかりの、反移民、反EUの政策を掲げる新興右派政党「ドイツのための選択肢」が、それぞれ二位、三位、三位の政党へと躍進した。この新党には経済学者や企業経営者が集い、金融・通貨関係の主張を展開し、さらに反外国人、反イスラムなどの排外主義的な訴えも強めて支持を拡大している。

メルケル首相が掲げる反排外主義は巻き返しをみせて、「ドイツのための選択肢」はしばらく伸び悩んでいた。だが、二〇一七年のドイツ連邦議会選挙、また直近の州議会選挙で躍進したことは、すでに序章で述べた通りである。結果的に、メルケル首相は党首を辞任するところまで追い込まれ、ドイツの政局だけでなく、EUの行方にも影響を及ぼす事態となっている。

隣国フランスでは、極右派政党「国民戦線」のルペン党首が、反EU、反移民を訴え、支持を伸ばしてきた。現マクロン大統領と選挙戦を争い、結果的には大差で敗北したものの、「国民戦線」は反グローバリズム、移民制限、保護貿易などを唱えて支持層を広げ、フランス国内に渦巻く排外主義や保護貿易に共感する声の大きさを世界に知らしめた。

同年三月に行われたオランダの下院選挙でも、反移民・反イスラムを掲げる極右政党の自由党が一五〇議席中二〇議席を獲得し、第一党の自由民主国民党（三三議席）に迫った。ベルギー、デンマーク、イタリア、それにリベラルなイメージの強い北欧のフィンランド、スウェーデン、ノルウェーでも、排外主義や保護主義、反EUを唱える政党は存在し、なかでもフィンランドの「真正フィン人党」やスウェーデンの「スウェーデン民主党」の躍進は近年、とくに注目を集めている。

ヨーロッパで存在感を示す極右派勢力は、中東の紛争などによって生じた難民や移民が大量に流入したことや、頻発するテロリズムによって不安感を抱くひとびとが増えたことで勢いづいたと分析されている。とりわけ二〇一五年には、年間で一〇〇万人以上もの移民・難民がEU諸国に流入したといわれている。これに対し各国の極右派は、移民やテロ問題をナショナリズムと結びつけ、異質な存在を排除することで安定を導くと主張してきた。すなわち、国内の雇用、治安、社会保障の崩壊、宗教的摩擦などの問題の原因を、特定の集団に帰すことで、国民の不安や不満感を排外主義へと結びつけ、支持層を拡大してきたわけである。

日本の外国人労働者と障害者差別問題

近年、日本で暮らす在留外国人は二六三万人を数え、年間の訪日外国人の数も三〇〇〇万人に迫る勢いで増加している。いま日本は、かつてないほど多くの外国人とともに暮らす時代を迎えている。

地方の衰退、出生率の低下、少子高齢化、格差と貧困などが社会問題化し、GDPなど経済指標はのきなみ中国に追い抜かれ、世間では「終わりのはじまり」とささやかれる昨今、政府は労働力の担い手不足を補うため、年金支給開始年齢を引き上げ、定年を延長し、女性の就労を促すなど、さまざまな策を講じている。外国人労働者の受け入れ拡大に向けた、出入国管理法の改正をめぐる議論も、その一つである。

いま日本の産業は、日本で技能を習得して帰国する「技能実習生」をはじめ、外国人の労働力に大きく頼っている。産業別に外国人への依存度を分析した三菱UFJリサーチ&コンサルティングの加藤真研究員によると、宿泊・サーヴィス業で二五人に一人、製造業で二七人に一人、農林業では七四人に一人、全業種を総合すると五一人に一人を外国人が占めているという。外国人労働者の受け入れ枠として検討されている在留資格「特定技能」では、漁業、農業、介護、外食業など一四業種が検討されている。

また、大手コンビニ三社が発表した集計では、三社のコンビニで働く外国人の店員の数は約五万二〇〇〇人にのぼるとされ、コンビニ大手ローソンの場合、都心の店舗では、店員の三割が外国人だという。外国人の店員同士が、たどたどしい日本語で指示のやりとりをする光景も、珍しいものではなくなった。コンビニの店員は、居酒屋、弁当工場、清掃業と並び、外国人留学生が就業する四大職種といわれている。

技能実習生や留学生が日本に滞在する主目的は、就労にあるわけではない。だが、いまの日本経済の状況は、かれらの安価な労働力に支えられている部分も少なくない。日本にとってかれらは、あくまでも一時的な「労働力」であって、永住や帰化ではなく、帰国を前提とした働き手という位置づけである。

これまでも、日本の外国人労働者に対する姿勢は、まさにアメリカのメキシコ系移民に対するのと同様、経済の浮き沈みを吸収する都合のよい調整弁としての扱いであった。日本は一九九〇年、いわゆるバブル景気の時期、一次産業の担い手が不足すると、出入国管理及び難民認定法を改正し、おもにブラジルやペルーから日系人労働者を積極的に受け入れてきた。

たとえばブラジル人の登録者は一九八六年、二一三五人であったが、二〇〇七年には三一万六〇〇〇人を数え、ペルー人の場合、一九七九年に三三一人であった登録者数は、二〇〇八年に六万人にまで増加した。

だが、二〇〇八年に「リーマンショック」が発生し、世界的な経済不況が深刻化すると、期間従業員として不安定な間接雇用のもとで働いてきた日系人の雇用打ち切りが続発する。関西圏で日系ブラジル人が多く住む滋賀県の場合、リーマンショック後、南米出身者の失業率は四割を超えた。二〇一〇年に筆者が滋賀県国際協会で行った聞き取りでは、南米出身者からの雇用に関する相談件数が、同年一月頃より急増したとのことであった。同協会が実施した「雇用・生活状況緊急調査」は、一三〇人中八八人が失業による失業保険の受給下にあると報告している。

厚生労働省は対策として、南米系労働者を対象に、世帯主に三〇万円、その家族に二〇万円の渡航費を渡して、本国へ送還する「帰国支援事業」を採用した。これには、就労目的での日本への再入国は認められないという条件が付されていた。いわば帰国支援事業という名の「手切れ金」制度、すなわち排除政策である。

二〇一〇年から一一年にかけて、滋賀県では、雇用が打ち切られ、コミュニティを離れる人が続出し、県下のブラジル人学校は窮地に追い込まれた。結局、一番の犠牲者は、昨日まで遊んでいた友達と会えなくなる子供たちであった。滋賀県教育委員会で行った筆者の聞き取りでは、公立学校が受け皿となれるよう、教員を加配して言語の壁に対応する策を立ててはいるが、予算には限りがあり、加配できる学校も限られるとのことであった。少子高齢化がすすむ日本では、これからますます労働力不足が深刻化し、外国人労働者の必要性が高まる。必要なときに呼び出し、不要になれば追い返す、という身勝手な政策を弄するばかりでは、労働者からの信用はえられない。外国人労働者をいかに迎えるのか、たとえば一九世紀の結社が描き出したような、幅広く柔軟な議論の素地が求められているだろう。

本書の内容と関連し、もう一点、最近話題になった気になるニュースがある。相模原障害者殺傷事件がそれである。二〇一六年七月、神奈川県相模原市の知的障害者福祉施設「津久井やまゆり園」で、元施設職員の男によって入所者がつぎつぎと殺害される殺傷事件が発生した。容疑者は一時間ほどのあいだに一九人を殺害し、二六人に重軽傷を負わせて、自ら出頭した。

事件後、テレビのワイドショー番組では容疑者が書いた手紙のなかの「私はUFOを二回見た……未来人なのかも」といった記述を引き合いに、容疑者の狂気性と事件の異常性を強調する報道が繰り返された。これについて映画監督の森達也氏は、事件の異常性を強調する背後には、日常世界から事件を切り離し、正常と異常の境界を正すことで、不安を取り除こうとする欲求がある、と指摘する。「異常」を切り離して解決する姿勢は、「異質」を排除して解決する姿勢と本質的に同じである。

この事件で特筆すべきは、ナチス・ドイツの障害者安楽死計画、いわゆる「T4計画」が容疑者に影響を与えた可能性である。容疑者は事件前、「ヒトラーの思想が降りてきた」と口にしたとされ、また犯行に先立ってマスコミや衆議院議長に宛てて出された手紙には、進化のために美容整形手術を行うなど、優生思想を示唆する記述があった。

辞典『大辞泉』には、「優生」とは「良質の遺伝形質を保つようにすること」とある。自然進化の場合、「優劣」は環境が判断する。だが、「優生学」における「優劣」の判断は、人間の主観による。「良質」の措定は、同時に「悪質」の「劣生」を生み、人間の場合「生きるに値しない命」、「生まれてはいけない命」という考えを作り出す。これを「科学」が裏書きし、法律が実体化すると、優生保護法の成立をみる。

相模原の事件から一年半後、優生思想は決して過去のものではないと気づかされる事態が、日本で明るみに出た。二〇一八年一月、宮城県の女性が旧優生保護法のもとで行われた強制不妊施術を憲法違反とし、国家賠償請求を起こしたのである。この一件が引き金となり、同法のもとで行われた不妊施術の違憲性を訴える訴訟が、全国で相次いだ。

日本では平成の時代まで、すなわち一九九六年（平成八年）まで、約半世紀のあいだ優生保護法が存在し、判明しているだけでも一万六〇〇〇人もの人に強制不妊施術が実施された。NHKが行ったアンケート調査では、九歳の女の子が施術を受けさせられた事例もあったという。

旧優生保護法は一九四〇年に制定された「国民優生法」を前身とし、一九四八年に制定された。それぞれ、戦時中の富国強兵政策、「産めよ、増やせよ」に乗じたベビーブームのもと、国が命に優劣をつけていた。旧優生保護法の第一条には、「優生上の見地から、不良な子孫の出生を防止するとともに、母性の生命健康を保護することを目的とする」とある。注目すべきは、「～とともに、」という部分である。「母性の生命健康の保護」のための「出生の防止」ではない。この法律の目的は、あくまでも「不良な子孫の出生を防止」する点に軸足があった。戦後半世紀にわたり、日本では優生思想が国によって法的に実体化されていたのである。

国に「不良」とみなされて、子孫を残す機会を奪われた人たち。かれら／彼女らはいま、国に謝罪と補償を求める国家賠償訴訟を起こしている。だが、国は判断を司法に委ねるとして、違憲か否かの見解は示していない。二〇一八年七月二三日付『朝日新聞』の記事は、政府内では「当時全会一致で成立した法律を、今になって違憲だったとはいえない」と、旧優生保護法の合憲を主張する声も根強いと報じた。いったい誰のための、なにを守る政府なのかと思えてくる。

言うまでもないことだが、問われるべきは、法律の成立過程ではなく、現代の日本で半世紀ものあいだ、この法律が多数の人の人権を侵害し、ひいては優生思想を国家が実体化してきた点にある。旧優生保護法の誤りを認めないことは、優生思想の肯定と相違がない。津久井やまゆり園の残虐な殺人事件を生み出した思想を、政府は改めて支持するというのだろうか。

だが、問われるのは政府の責任ばかりではない。日本では一九六〇年、「精神薄弱者福祉法」（現知的障害者福祉法）が制定され、公的責任のもと、知的障害者に対する福祉サーヴィスの実施が決められた。これにより、大規模入所施設の設立が急増し、以後、利用者の数は一貫して増加した。相模原障害者殺傷事件で一度に一九名もの命が奪われた理由も、重複障害者を社会から切り離した、収容隔離政策と無関係ではない。津久井やまゆり園の悲劇の舞台を生み出したのは、高度経済成長期に示された効率性を重視した施設収容主義と、これまでそれを知らぬ間に是認してきた、筆者を含めた社会の無関心にも起因するはずである。

内閣府『平成三〇年　障害者白書』によれば、日本にはいま、身体障害者四三六万人、知的障害者一〇八万人、精神障害者三九二万人がおり、この数には重複者が含まれるため単純に合計はできないが、仮に合計すれば九三六万人の障害者が暮らしていることになる。

総人口に対する比率は約七パーセントで、一四人に一人となる。読者諸氏の一日を振り返ってみて、この数に対する実感の程はいかがだろうか。数字と実感とに乖離があるとすれば、それは社会と障害者とのあいだにある「障害」が取り除かれていない証拠であろう。

筆者も二児の父になり、ベビーカーを押すようになってはじめて、いまの日本のインフラ施設は健常者を前提に設計されていることをつくづく痛感した。東京駅でベビーカーを押しながらエレベーターを乗り継ぐと、ひどい場合、電車の乗り換えに四〇分ほど要することもあった。外国から来た大きなスーツケースを持つ観光客が増え、高齢者の利用も多くなる近年、駅のホームに一箇所しかないエレベーターの前には、長蛇の列が出来ている。いくら新幹線が超高速で走っても、ホームから改札を出るまでに何十分もかかっては意味がない。これを日常として過ごすエレベーター利用者の苦労は、相当なものである。すこしずつでも、社会にある「障害」を取り除く努力が重ねられることを願うばかりである。

もちろん、「障害」は物理的なものに限らない。欧米では、障害者と一般市民が同じ条件で暮らす「ノーマライゼーション」が普及しつつあるが、なかでも障害者が自立した生活を送るために重要なのが、就労先の確保である。だが二〇一七年から一八年にかけて、都道府県、中央省庁、さらに裁判所など司法機関や立法機関までもが、障害者雇用を水増ししていた問題が表面化した。その数、中央省庁では約三五〇〇人、地方自治体約三八〇

○人、司法機関約四○○人、立法機関三七人と報じられている。

国は二○一七年、障害者雇用促進法が定めた雇用率を達成したと発表していた。だが、厚生労働省のガイドラインに照らして、算定条件に合致した雇用者の実数を調べると、雇用率は一・一九パーセントと、法定雇用率の半分にも満たない実態が明らかになった。各省庁がおおむね二・五パーセント前後の雇用率を公表しておきながら、再調査の結果は、公安調査庁○・三八、内閣官房○・三一、外務省○・三九、文部科学省○・五七、法務省○・八○など、一パーセントにも満たない省庁が散見された。

中央省庁の問題について調査した第三者委員会は、原因は「故意ではない」と報告するが、いくらなんでも、これでは三五○○人という水増しの数字は説明できない。この体裁と実体の乖離はバブル崩壊後、経済回復最優先で突き進み、効率と能率とを重んじて、そこから外れる者を切り捨ててきた、現代日本の姿に重なりはしないだろうか。ノーマライゼーションを先導すべき国の、障害者や弱者に対する「本音」が、如実に現れている問題といえる。

二一世紀世界の「大きな物語」

二○一六年一一月、ドナルド・トランプ候補は第四五代アメリカ合衆国大統領に当選し、あたらしい時代の幕が開けた。だが、これは混迷した時代の幕開けでもあった。就任から二年が経過し、トランプ政権の閣僚は先のミラー以外、ほぼ入れ替わり、バノンもトランプのもとを去った。大統領はTPP協定（環太平洋パートナーシップ協定）の交渉を白紙撤回し、パリ協定からの離脱も決定した。さらに中距離核戦力（INF）全廃条約の破棄を示唆し、中国と関税をめぐって報復を繰り返している。世界で極右政党が勢いづき、排外主義を支持する声は日増しに高まっているように思える。いったいトランプ政権はなにを目指し、世界はどこに向かっているのであろうか。

TPPの交渉が大詰めを迎えていたさなか、大統領に当選したトランプは、一転してアメリカを保護主義に導き、日本を含め、世界を翻弄した。また、イギリスのEU離脱が決定されたこともあり、相次ぐ世界の大国がみせた貿易姿勢の転換に、不安な時代の幕開けを実感した人も多かったのではないだろうか。自由貿易の理想は、もはや時代遅れの産物で、保護貿易こそが二一世紀、世界のスタンダードとなるのであろうか。いま世界は、「大きな物語」の端境期に差し掛かりつつあるようだ。

第二次大戦後、アメリカは世界の超大国となった。その力の核心を「ソフト・パワー」という言葉で説明したのは、クリントン政権時に国防省国防次官補の職にあったジョセフ・ナイである。ナイは軍事力や経済力といったハード・パワーと対置して、ソフト・パワーすなわち「自国が望むものを他国も望むようにする力」の重要性に注目し、「他国が従いたくなる価値観をアメリカが代弁していれば、アメリカが世界を指導するコストは安くなる」と説いた。つまり、「魅力があれば、他人は従うか真似をする」というわけである。

ほかにも、アメリカの強さの源として指摘されるのが「自己修正力」である。司馬遼太郎は『アメリカ素描』で、アメリカ経済の「復元力」を評したが、この言葉は経済の浮き沈みを説明するだけにとどまらない。奴隷制を廃止したり、マイノリティ差別に対して公民権法を制定したりと、アメリカの歴史をたどると、バランスを保つ機能が自国の内部に宿っていたことに気づかされる。これは好意的、楽観的な見地に立った理解ではあるが、自国内のバランスが保たれるためには、異なる意見の尊重が前提にあり、したがって、アメリカの強みである自己修正力は、アメリカの多様性に支えられていたといえる。

ここで筆者が思い出すのは、一九世紀アメリカの作家、マーク・トウェインが残したある政治家のエピソードである。すこし長くなるが、以下で紹介したい。

マーク・トウェインは一八六〇年代半ばまで、共和党支持者であった。だが、同郷ミズーリ出身の共和党議員ジョージ・ハーストと会ったことをきっかけに、以後、無党派に転向する。ハーストはサンフランシスコで、トウェインにこう話したという。

俺は共和党員だ。いつだって共和党員でありたいと願っている。それが俺の目的だ。心変わりする人間じゃない。だが、ことのしだいを見るがいい。あたかもアメリカ合衆国の政治的な力は、共和党の所有物であるかのごとく、年々、共和党が勝利に勝利を重ねている。たとえわずかの権力であっても、他の政党が望もうものなら、それは横暴だと言われるほどだ。これほど国にとって最悪な状況はない。議会の全権力がひとつの政党に集中し、まるごと抱え込まれている。これは間違いなく、悪い政府であり、そして、**公共の道徳心の段階的な、しかし、確実な低下を招くことになる。**各政党の指導者が探し出せる限りの最適の人材をそれぞれ選出できるように、双方の政党の力は互角でなければならない。民主党の父は、できれば息子を二つの政党に分けるべきだ。そして、権力が等しくなるように努力すべきだ。私には息子がひとりしかいない。彼はまだ小さい。だが、息子が投票できる年齢に達したら、私がどちらの政党にいようとも、私に反対票を投じるように息子に教え、諭し、準備をしている。息子はすでに良き民主党員だ。私自身が民主党員になってしまうまで、このまま良き民主党員でい続けてほしいと願っている。それから、できれば、また息子を違う政党に鞍替えさせてみるつもりだ。

（『マーク・トウェイン完全なる自伝』第一巻、**太字**は原文ママ）

各自、思うところの国や組織に置き換えて再読して頂いても結構である。

トウェインはもともと、ハーストを「学の無い男」、自分よりも知識に乏しい人物、と思っていた。だが、かれと話をして以後、トウェインは同じ政党に投票しつづけることはなくなった。無党派になったという。

我が子を論敵に育て上げるには、両政党の長所と短所を熟知していなければならない。それればかりか、相手側を魅力ある政党だと納得させなければならない。愛国主義者とは、かくありて然り、であろう。筆者はトウェインの自伝の翻訳を手伝うなかで、このエピソードに出会ったが、まさにアメリカの自己修正力、民主主義、ひいてはアメリカ文明を支える底力を知る思いがした。

ひるがえって、現代のアメリカはどうだろう。トランプ大統領は選挙期間中、しばしば自らの主張を「オールド・ファッションの考え」と語った。すなわち、在りし日のアメリカに倣い、市民が国家の舵取りを担うべきとの考えに立ち、「市民ファースト」であるべきだと訴えてきた。これは、政官財の既得権益者に牛耳られたワシントンとクリントン候補に対する批判を裏返しにしたメッセージである。したがって、このトランプの反知性主義的なメッセージを、アメリカの自己修正力の一端、復元力の顕現とみることもできるだろう。もちろん、トランプの言動が、さきのハーストが思い描いたような、高尚な理念と理想に立ったものかどうかは疑わしいのであるが。

ただ、トランプが打ち出す、現在と過去を比較対照し、聴衆のノスタルジアと喪失感をくすぐる作戦はなかなか巧妙である。過ぎ去った過去は、時間と記憶によって捨象と脚色とが重ねられ、誰にとっても美しくみえる。だが、現実のアメリカはどうか。一部の政治家や大企業が国を牛耳り、さらにグローバル化の波にさらされて、国民はみな「心を打ち砕かれて」いる。トランプは言う。もういちど、「古き良きアメリカ」を、「本来のアメリカ」を取り戻そうと。アメリカ市民の手に、政治も経済も取り戻そうと。トランプは巧みに喪失感をくすぐり、「アメリカを取り戻す」というメッセージに聴衆の復権の物語を重ね合わせてみせる。

筆者はここに、単なるノスタルジアや反知性主義を超えた、二〇世紀型の国民国家を取り戻そうとする、大きな物語が横たわっているように感じる。国民国家は、国境・国民・主権から成り、国民はさまざまな義務を負うかわりに、国家から諸権利の保護が約束されていた。

だが、二一世紀、現実の世界はどうだろうか。か弱き声は、大きな声にかき消されて、富は囲い込まれ、不安と不満ばかりが行き渡る。政府は対策に腐心するが、現実の世界は、それを上回る勢いで動いている。さらに国によっては移民が急増し、「国民」の枠組みも揺らいできている。もはや国家が国民の暮らしを守るという二〇世紀まで続いた価値観が、幻想のものとなりつつあるのではないだろうか。世界的に広がるひとびとの不安と不満は、二〇世紀的な国民国家がはぐくむ大きな物語が、もはや成り立たなくなりつつあることの表れであるように思える。

このように考えると、あの「トランプの壁」は、物理的には不法移民を阻止し、象徴的にはグローバリズムの防波堤と理解できるが、じつのところあの壁が本当に守ろうとしているのは、二〇世紀的な国民国家の枠組みではないだろうか。「トランプの壁」が隔てるもの、それは二〇世紀的な価値観と二一世紀の世界という、これら二つの大きな物語なのかもしれない。

あとがき

本書は、アメリカの排除運動と排外主義(ネイティヴィズム)の歴史的展開についてまとめた、はじめての新書である。

トランプ大統領の自国第一主義、「アメリカ・ファースト」が世界を翻弄するいま、排外主義や保護主義に対する関心は、ますます高まっている。この時代の潮流を捉えるために必要なのは、現代の状況を位置づけるための歴史的背景であろう。だがこれまで、専門書や研究者向けの学術論文を除き、このテーマについて手軽に知ることができる文献はなかった。本書では、一般の読者を想定しつつ、アメリカの排除運動や排外主義の歴史と、その特質について、簡潔にまとめている。

筆者はこれまで、『クー・クラックス・クラン——白人至上主義結社KKKの正体』(平凡社新書)の執筆を通し、一九世紀半ばから二〇世紀にかけて活動したクラン運動の盛衰を追ってきた。その後、現実の世界では、トランプ候補の当選、イギリスのEU離脱決定、ヨーロッパ諸国での極右政党の躍進、日本のヘイトスピーチ問題、などが報じられてきた。筆者はこれらの報を耳にするたび、当たり前だと思っていた世界が崩れ落ちていくような感覚を覚えてきた。いったい世界ではなにが起きているのか。そして、世界はどこに向かおうとしているのか。予測することはできないが、過去に答えを探ることならできるのではないか。そのような思いで、本書の執筆へと向かった。

正直に結果を述べると、この問いに対する答えは明らかになっていない。ただ、本書を通して、排除現象や排外運動を考えるために必要な視点の一端は、示すことができたのではないかと思う。

ちょうど、この「あとがき」を執筆中、あらたに南米ブラジルの大統領選挙で、極右派のジャイル・ボルソナーロ当選のニュースが入ってきた。偶然にも、『朝日新聞』の記者として現地から第一報を伝えた岡田玄氏は、筆者の大学時代の友人であった。さっそく岡田氏とコンタクトを取り、極右候補を選んだブラジルの「空気」について尋ねてみた。岡田氏は「敵か味方かの二分法的な考えが強まり、社会を理解するときにグラデーションや複雑さが失われている」と語ってくれたが、これはブラジルに限った話ではないだろう。

ソーシャルメディアが発達し、フェイクニュースが世界を駆け巡り、煽情的なメッセージが瞬時に多数のひとびとの心に届く現代。あらゆる情報や事象が、好きか嫌いか、善が悪か、といった単純な二項に分類され、「消化」されていくいま、排外的な主張はより平板で直接的なものへと変化しつつあるように思える。刺激と反応を繰り返すだけの単細胞な社会に、豊かな未来はない。

ダーウィンが説いた「自然選択」は、適者ゆえに生存するのではなく、多様性ある種ほど生存の可能性が高まる、というものであった。種に限らず、社会も同様である。多様性ある社会には、豊かな選択肢があり、困難を乗り越える力がある。摩擦や問題も尽きないだろうが、知恵がいる分、活力があり、あらたな創造が生まれる。一方、排除には選択肢の減少と、可能性の縮小しかない。つまり、多様性とは可能性であり、排除とは喪失である。

本書で考察した排外主義の歴史が、二一世紀の世知辛い渦流を考えるための、ささやかな一助になれば幸いである。

本書の各章のうち、第三章、第六章は、拙著『クー・クラックス・クラン』を踏まえて執筆した。また、第一章は共著書『欧米社会の集団妄想とカルト症候群——少年十字軍、千年王国、魔女狩り、KKK、人種主義の生成と連鎖』(明石書店)を、第五章の一部は分担執筆書『文学から環境を考える――エコクリティシズムガイドブック』(勉誠出版)に寄稿した論考の一部を、それぞれ参照している。また、第六章の一部は、論文「第二期KKKの組織拡大と『ザ・クランズマン』および『國民の創生』の影響――オレゴン州における一九〇五年から二一年までの新聞記事の分析を通して」(『情報文化研究』一二号)をもとに執筆した。以上、初出情報として記しておく。

本書の出版に際しては、前著『クー・クラックス・クラン』の編集でお世話になった、平凡社新書編集部の水野良美氏と、濱下かな子氏に大変なご助力を賜った。お二人は何度も原稿に目を通し、丁寧なコメントをくださった。水野氏と濱下氏のご尽力に心より感謝申し上げる。

二〇一八年一一月

息子が通う保育園の愉快な仲間たちが、みな幸せに暮らせる社会を願って

浜本隆三

主要参考文献

欧文・和文書籍

Anbinder, Tyler G. *Nativism and Slavery: The Northern Know Nothings and the Politics of the 1850s*. New York: Oxford University Press, 1994.

Baird, William Raimond. *Baird's Manual of American College Fraternities*. New York: The Alcolm Company, 1905.

Burr, George Lincoln. *Narratives of the Witchcraft Cases: 1648-1706*. New York: Charles Scribner's Sons, 1914.

Davis, Susan Lawrence. *Authentic History: Ku Klux Klan, 1865-1877*. New York: Susan Lawrence Davis, 1924.

Godbeer, Richard. *The Devil's Dominion: Magic and Religion in Early New England*. New York: Cambridge University Press, 1994.

Horn, Stanley F. *Invisible Empire: The Story of the Ku Klux Klan, 1866-1871*. Boston: Houghton Mifflin Co., 1939.

Kloran: Knights of the Ku Klux Klan. Atlanta: Imperial Palace Knights of the Ku Klux Klan, 1928.

Lester, John C. and Daniel L. Wilson. *Ku Klux Klan: Its Origin, Growth and Disbandment*. New York: The

Neale Publishing Company, 1905.

MacLean, Nancy. *Behind the Mask of Chivalry: The Making of the Second Ku Klux Klan*. New York: Oxford University Press, 1994.

Newton, Michael, *The Ku Klux Klan: History, Organization, Language, Influence and Activities of America's Most Notorious Secret Society*. Jefferson: McFarland & Company, 2007.

Richardson, William Thomas. *Historic Pulaski: Birthplace of the Ku Klux Klan*. Nashville: The Methodist Publishing House, 1913.

Rose, Laura Martin. *The Ku Klux Klan: or Invisible Empire*. New Orleans: L. Graham Co., 1914.

Simmons, William Joseph. *The Klan Unmasked*. Atlanta: Wm. E. Thompson Publishing Co., 1923.

Spencer, Herbert. *Social Statics: or The Conditions Essential to Human Happiness Specified, and the First of Them Developed*. London: John Chapman, 1851.

Stevens, Albert Clark. *The Cyclopædia of Fraternities: A Compilation of Existing Authentic Information and the Results of Original Investigation as to the Origin, Derivation, Founders, Development, Aims, Emblems, Character, and Personnel of More Than Six Hundred Secret Societies in The United States.* New York: Hamilton Printing & Publishing Co., 1899.

Tennessee, General Assembly Senate Committee on Military Affairs. *Report of Evidence Taken Before the Military Committee in Relation to Outrages Committed by the Ku Klux Klan in Middle and West Tennessee.* Nashville: S. C. Mercer, Printer of the State, 1868.

Walton, Jr. Hanes, Sherman C. Puckett, and Donald R. Deskins, Jr. Eds., *The African American Electorate:*

A Statistical History, Vol. 1, 2. Los Angeles: SAGE Publications, 2012.

大泉光一、牛島万編著『アメリカのヒスパニック＝ラティーノを知るための55章』明石書店、二〇〇五年。

大下尚一編『講座 アメリカの文化1 ピューリタニズムとアメリカ――伝統と伝統への反逆』南雲堂、一九六九年。

岡本勝『アメリカ禁酒運動の軌跡――植民地時代から全国禁酒法まで』ミネルヴァ書房、一九九四年。

オットー・L・ヘットマン『目で見る金ぴか時代の民衆生活――古き良き時代の悲惨な事情』山越邦夫、斎藤美加他訳、草風館、一九九九年。

佐々木隆、大井浩二編『史料で読むアメリカ文化史3 都市産業社会の到来 1860年代―1910年代』東京大学出版会、二〇〇六年。

ジョン・ハイアム『自由の女神のもとへ――移民とエスニシティ』斎藤眞、安部齊、古矢旬訳、平凡社、一九九四年。

竹沢泰子編『人種概念の普遍性を問う――西洋的パラダイムを超えて』人文書院、二〇〇五年。

トマス・ディクソン・ジュニア『クー・クラックス・クラン――革命とロマンス』奥田暁代、高橋あき子訳、水声社、二〇〇六年。

樋口直人『日本型排外主義――在特会・外国人参政権・東アジア地政学』名古屋大学出版会、二〇一四年。

古矢旬『アメリカニズム――「普遍国家」のナショナリズム』東京大学出版会、二〇〇二年。

ポール・ボイヤー、スティーヴン・ニッセンボーム『呪われたセイレム――魔女呪術の社会的起源』山本雅訳、溪水社、二〇〇八年。

マーク・C・カーンズ『結社の時代――19世紀アメリカの秘密儀礼』野崎嘉信訳、法政大学出版局、一九九三年。

簑原俊洋『排日移民法と日米関係』岩波書店、二〇〇二年。

森本あんり『反知性主義――アメリカが生んだ「熱病」の正体』新潮選書、二〇一五年。

油井大三郎、遠藤泰生編『多文化主義のアメリカ――揺らぐナショナル・アイデンティティ』東京大学出版会、一九九九年。

リチャード・ホーフスタッター『アメリカの反知性主義』田村哲夫訳、みすず書房、二〇〇三年。

学術論文

Harwood, W. S. "Secret Societies in America." *The North American Review*, Vol. 164, 1897.
綾辺昌朋「シヴィック・クラン――第二次クー・クラックス・クラン運動の再検討」『史學』（三田史学会）七八号、二〇〇九年。
貴堂嘉之「ギルディッド・エイジにおける階級統合のかたち：労働騎士団の結社の文化と中国人問題」『アメリカ史研究』（日本アメリカ史学会）二一号、一九九八年。

新聞・ニュース・ウェブチャンネル・ウェブメディア・冊子等

BBC News, *Chicago Daily News*, *CNBC*, *Daily Capital Journal*, *Donald Trump News*, *East Oregonian*, *Fox News*, *Gallup News*, *The Imperial Night-Hawk*, *Morning Oregonian*, *The Oregon Daily Journal*, *Patriotic Populist*, *Polk County Observer*, *RealClearPolitics*, *The Sunday Oregonian*.
『朝日新聞』、『京都新聞』、『滋賀報知新聞』、『Newsweek』、『Lake』（滋賀県国際協会発行）。

図版出典一覧

序　章　図1　ロイター／アフロ
図2　Gage Skidmore / flickr
図3　ロイター／アフロ
第1章　図4　Library of Congress: "Prints & Photographs Division"
図5　John Fiske. *New France and New England*. Boston: Houghton, Mifflin & Co., 1904
図6　Interfoto/ アフロ
第2章　図7　Library of Congress: "Prints & Photographs Division"
図8　上に同じ
第3章　図9　著者撮影
図10　William Thomas Richardson. *Historic Pulaski*
図11　著者撮影
図12　Michael Newton. *The Ku Klux Klan*
図13　Southern Poverty Law Center: "Ku Klux Klan: A History of Racism"
第4章　図14　New York Public Library: "Digital Collections"
図15　Library of Congress: "Prints & Photographs Division"
図16　Public Domain: "Museum of the City of New York"
図17　Library of Congress: "Prints & Photographs Division"
図18　Phillip Kester / "New York Times Photo Archives"
第5章　図19　August Lane-Fox Pitt-Rivers. *On the Evolution of Culture, and Other Essays*. Oxford: Clarendon Press, 1906
図20　C. D. Arnold and H. D. Higinbotham. *Official Views of the World's Columbian Exposition*. Chicago: Press Chicago Photo-gravure Co., 1893
図21　上に同じ
第6章　図22　Library of Congress: "Prints & Photographs Division"
図23　著者撮影
図24　New York Public Library: "Digital Collections"
図25　Library of Congress: "Prints & Photographs Division"
図26　William Joseph Simmons. *The Klan Unmasked*
図27　Library of Congress: "Prints & Photographs Division"
図28　上に同じ
図29　著者撮影
第7章　図30　Library of Congress: "Prints & Photographs Division"
図31　著者撮影
図32　Library of Congress: "Prints & Photographs Division"
図33　AP/ アフロ
終　章　図34　上に同じ

【著者】
浜本隆三（はまもと　りゅうぞう）
1979年京都府生まれ。同志社大学大学院アメリカ研究科（現グローバル・スタディーズ研究科）博士後期課程単位取得退学。甲南大学文学部英語英米文学科専任講師。著書に『クー・クラックス・クラン――白人至上主義結社ＫＫＫの正体』（平凡社新書）、『欧米社会の集団妄想とカルト症候群』（共著、明石書店）、訳書にヴィクトリア・ヴァントック著『ジェット・セックス――スチュワーデスの歴史とアメリカ的「女性らしさ」の形成』（共訳、明石書店）などがある。

平　凡　社　新　書　９　０　２

アメリカの排外主義
トランプ時代の源流を探る

発行日――2019年１月15日　初版第１刷

著者――浜本隆三
発行者――下中美都
発行所――株式会社平凡社
東京都千代田区神田神保町3-29　〒101-0051
電話　東京（03）3230-6580［編集］
　　　東京（03）3230-6573［営業］
振替　00180-0-29639
印刷・製本―株式会社東京印書館
装幀――菊地信義

ISBN978-4-582-85902-7
NDC分類番号253　新書判（17.2cm）　総ページ240
平凡社ホームページ　http://www.heibonsha.co.jp/